Inhaltsverzeichnis

Vorwort

Liebe Erzieher*innen,

Familien sind so unterschiedlich in ihren Strukturen und Ritualen, in ihrer Lebensweise und in ihren Einstellungen – und doch haben sie eines gemeinsam: Sie sind das emotionale Zuhause unserer Kinder, der Ort, an dem sie Geborgenheit und Sicherheit erfahren. Familien lassen sich nicht austauschen und somit ist jedes Kind in der eigenen Familie in seiner jeweils ganz besonderen Art zu Hause.

In unserer heutigen Gesellschaft finden sich viele verschiedene Formen von Familien: Neben der klassischen Familie mit zwei Elternteilen und Kindern gibt es gleichgeschlechtliche Eltern mit Kindern, Alleinerziehende, Großeltern, die Kinder aufziehen, oder auch sogenannte Patchworkfamilien. Hier lebt zum Beispiel ein Elternteil mit dem neuen Partner oder der neuen Partnerin zusammen, es kommen Stiefgeschwister oder auch Halbgeschwister hinzu und neue Tanten und Onkel. Kindern im Kindergartenalter fällt es selbst bei einer überschaubaren Familienstruktur häufig nicht leicht, die Zusammenhänge innerhalb der Verwandtschaft nachzuvollziehen. Dass auch die Eltern einmal Kinder waren und mit Brüdern und Schwestern gespielt haben, dass Oma und Opa die Eltern der eigenen Eltern sind – all das kristallisiert sich im Laufe der Zeit für die Kinder erst langsam heraus und ist ein sehr spannendes Feld.

Diese Mappe bietet einen Fundus an Spiel-, Bastel- und Liedideen rund um das Thema „Familie". Die Kinder lernen im Rollenspiel und im Gesprächskreis, sich selbst und ihre Familie vorzustellen und erfahren dabei ganz nebenbei, dass nicht alle Familien gleich sind. Es geht um Zusammengehörigkeit wie bei den „Nuss-Familien" (s. S. 53) und um Gemeinschaft, um das Größerwerden und das sich-Abgrenzen gegenüber den Wünschen der anderen. Außerdem erfahren die Kinder einiges darüber, wie es ist, wenn Mama ein Baby bekommt. Familienrituale, Tierfamilien und Bewegungslieder ermöglichen es den Kindern, sich auf unterschiedlichen Ebenen dem Thema „Familie" anzunähern.

Nun wünsche ich Ihnen sehr viel Spaß, wenn Sie sich gemeinsam mit den Kindern auf den Weg machen, unterschiedliche Familien zu erkunden.

Herzliche Grüße

Mareike Brombacher

Hinweis:
Aus Gründen der besseren Lesbarkeit wird im Folgenden auf eine sprachliche Differenzierung der Geschlechterbezeichnungen verzichtet. Da die Erzieher*innen in Kindertagesstätten zumeist weiblich sind, haben wir uns hier für die weibliche Form entschieden. Selbstverständlich sind stets alle Geschlechter angesprochen.

Vorbemerkungen und Arbeitshinweise

Zu den verwendeten Symbolen

Bildungsbereiche (jeweils das äußerste Symbol oben rechts auf den Arbeitsblättern):

 Sprachliche Bildung

 Musikalische Bildung

 Ästhetische Erziehung

 Umwelt-, Sach- und Naturbegegnung

 Gesundheit und Ernährung

 Mathematische Bildung

 Feste und Feiern

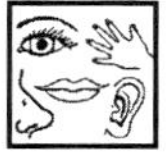 Wahrnehmung und Entspannung

 Körpererfahrung und Bewegung

 Sozialerfahrungen

Sonstige Symbole:

 geeignet für die Begabtenförderung

 für unter 3-Jährige geeignet

Layout:

- Die Seiten mit den **Eltern und Kindern** im Layout unten rechts sind für die Erzieherin gedacht. 
- Die Seiten mit den **Kindern und dem Hund** unten rechts sind Arbeitsblätter, die direkt mit den Kindern bearbeitet werden können. 

Tipps und Anregungen zu den einzelnen Angeboten

Zum Umgang mit den Arbeitsblättern

Diese Projektmappe enthält einige Arbeitsblätter, deren Aufgabenstellung Sie mit den Kindern in Kleingruppen besprechen oder vorlesen müssen.

Für die Aufbewahrung der Arbeitsblätter werden, je nach Gruppensituation und organisatorischen Bedingungen, verschiedene Möglichkeiten empfohlen:

- Ablagefächer (alternativ unifarben gestaltete Deckel von Kopierpapierkartons): Die Kinder haben so freien Zugriff auf die darin sortierten Arbeitsblätter und können ihre Aufgaben selbst auswählen.
- Jedes Kind verfügt über einen weiteren Schnellhefter, in den die Erzieherin regelmäßig nach Alter und Entwicklungsstand ausgewählte Arbeitsblätter (z. B. zwei Arbeitsblätter pro Woche) einheftet oder diese gemeinsam mit dem Kind aussucht. Die Kinder wählen die Zeit zur Bearbeitung entweder frei oder es gibt festgelegte Zeiten, innerhalb derer ein Kind seine Arbeitsblätter bearbeiten kann.
- Die fertiggestellten Arbeitsblätter werden im Schnellhefter oder in einer Sammelmappe / einem Sammelordner abgeheftet bzw. gehören als Anlage zur Bildungsdokumentation oder zum Portfolio.
- Es empfiehlt sich außerdem, für jedes Kind einen schön gestalteten Schuhkarton für andere gefertigte Objekte anzulegen.

Allgemeine Anmerkungen

Um die für die Kinder zum Teil abstrakten Verwandtschaftsbeziehungen und das Leben in Familien zu veranschaulichen, empfehle ich Ihnen als Grundlage für die Arbeit zum Thema „Familie", das „Familienalbum" (s. S. 24) mit möglichst vielen Fotos und Informationen aus der eigenen Familie zu erstellen, am besten von den Eltern beschriftet. Jedes Kind kann so für sich besser nachvollziehen, wer in seiner Familie wer ist, und dies auch anderen zeigen. Es bietet sich an, zu Beginn des Familienprojektes einen Brief an die Eltern zu verteilen (s. S. 5), in dem die Erzieherinnen bestimmte Informationen abfragen (wie die Namen der Geschwister etc.) sowie um die Fotos bitten, die für das Familienalbum benötigt werden.

Zu dem Lied „Five little ducks", S. 22:
Die Erzieherin bespricht mit den Kindern, worum es in dem Lied geht. Während des Singens bietet es sich an, mit den Fingern jedes Mal die Anzahl der Entchen anzuzeigen. Dieses Lied hilft der Erzieherin, die Kinder an die englische Sprache heranzuführen, indem die Kinder ein Gespür für den Klang dieser Sprache entwickeln.

Kinder-Literaturtipps zu dem Angebot „Mitmachgeschichte: Mama bekommt ein Baby", ab S. 22:
- „Peter, Ida und Minimum: Familie Lindström bekommt ein Baby" von Grethe Fagerström, Ravensburger Buchverlag, Ravensburg, 1989
- „Unser Baby" (Wieso Weshalb Warum? junior, Band 12) von Angela Weinhold und Clara Suetens, Ravensburger Buchverlag, Ravensburg, 2005
- „Hallo Baby, wann kommst du?" von Lydia Hauenschild und Heike Herold, arsEdition, München, 2014
- „Was ist was Junior, Band 16: Ein Baby kommt zur Welt" von Tatjana Marti, Tessloff Verlag, Nürnberg, 2009 (nur noch gebraucht erhältlich)
- „Mama, Papa, ich und du: Ein Geschwisterchen kommt" von Sonja Fiedler, Oetinger, Hamburg, 2005 (nur noch gebraucht erhältlich)
- „Wir sind jetzt vier!" von Sabine Cuno, Ravensburger Buchverlag, Ravensburg, 2007

Allgemeine Informationen zu den Bastelarbeiten im Bereich „Ästhetische Erziehung", ab S. 24:
Fotografieren Sie die Materialzusammenstellung und jeden einzelnen Arbeitsschritt. Kleben Sie die ausgedruckten Fotos mit der Auflistung der Materialien bzw. mit der dazugehörigen schriftlichen Arbeitsanweisung auf DIN-A5-Karten, nummerieren Sie die Karten in der richtigen Reihenfolge und laminieren Sie diese.
So erhalten Sie bebilderte Karten, die Ihre Kinder zum selbstständigen Arbeiten motivieren. Diese Arbeitsanleitung kann auch wieder für jedes Kind kopiert und als Anlage in das Portfolio geheftet werden.

Zu den Rezepten im Bereich „Gesundheit und Ernährung", ab S. 34:
Zu den Rezepten finden Sie auf der Seite 36 Bilder mit allen bei den Rezepten verwendeten Zutaten und Haushaltsgeräten sowie Pfeilen, mit deren Hilfe Sie die Rezepte bei Bedarf als großes Plakat gestalten können. Vergrößern Sie dazu die benötigten Zeichnungen auf dem Kopierer. Mit den vorhandenen Bildern können Sie auch Bildrezepte auf einem DIN-A4-Blatt erstellen, für jedes Kind kopieren und in einem Schnellhefter sammeln. So erhalten die Kinder eine eigene Bild-Rezept-Mappe, die auch wieder als Anlage in das Portfolio geheftet werden kann. **Achtung:** Bitte achten Sie bei allen Rezepten auf eventuelle Lebensmittelunverträglichkeiten der Kinder.

Sachinformation zum Ramadan für das Angebot „Familienfeste", ab S. 41:
Der neunte Monat im islamischen Mondkalender ist der Ramadan. Muslime glauben, dass in diesem Monat der Koran herabgesandt wurde, weshalb sie im Monat Ramadan vier Wochen lang fasten. Von der Morgendämmerung bis zum Sonnenuntergang essen und trinken Muslime während dieser Zeit nichts. Für Kinder ab der Pubertät und für alle, die das Fasten ohne gesundheitlichen Schaden durchführen können, ist dies Pflicht. Alte, Kranke, stillende Mütter und Schwangere sind von dieser Pflicht ausgenommen. Das Ende der Fastenzeit wird mit einem großen gemeinsamen Fest gefeiert, das zwei bis vier Tage dauert und „Ramadan-Fest" oder „Zuckerfest" genannt wird. Während dieses Festes beten Muslime, besuchen ihre Familie und Verwandte und essen gemeinsam mit diesen und mit ihren Freunden.

Zu der „Stationenkarte für das große Familienfest", S. 45:
Die Stationenkarte kann vor dem großen Familienfest für jedes Kind kopiert und den Kindern ausgehändigt werden. So haben sie und ihre Familien eine bessere Übersicht über die vorhandenen Angebote und können nachvollziehen, ob sie bei allen Spielen mitgespielt haben. Zum Abschluss kann jeder Familie eine Urkunde (s. S. 48) überreicht werden.

Kopiervorlage „Elternbrief“

Liebe Eltern,

in den kommenden Wochen möchten wir uns in der Gruppe dem Thema „Familie“ widmen. Familien sind so unterschiedlich in ihren Strukturen und Ritualen, in ihrer Lebensweise und in ihren Einstellungen – und haben doch eines gemeinsam: Sie sind das emotionale Zuhause unserer Kinder, der Ort, an dem sie Geborgenheit und Sicherheit erfahren. Damit wir mit den Kindern besser über ihre Familien sprechen können, benötigen wir Ihre Unterstützung.
Bitte füllen Sie dafür den Abschnitt unten aus und geben Sie ihn bis zum ____________________ wieder im Kindergarten ab. Die abgefragten Daten werden selbstverständlich nur für unser Projekt verwendet und nirgendwo veröffentlicht oder ausgehängt.

Für das Bastelangebot „Familienalbum“ und andere Übungen und Spiele benötigen wir Fotos von Ihrer Familie – von Geschwistern, Eltern und, wenn vorhanden, auch Fotos von Omas und Opas, Tanten und Onkeln oder auch Haustieren. Je mehr, desto besser – und umso schöner für Ihr Kind, wenn es am Ende des Projektes ein schönes Familienalbum mit nach Hause nehmen kann. Bitte geben Sie Ihrem Kind auch ein Foto mit, auf dem es als Baby zu sehen ist. Dieses Foto wird insbesondere während unserer Einheit „Mama bekommt ein Baby“ eine wichtige Rolle spielen.

Außerdem werden wir am ____________________ die Einheit „Welche Berufe haben eure Eltern?“ durchführen. Es wäre schön, wenn Sie Ihrem Kind an diesem Tag Gegenstände mitgeben, die die Berufe seiner Mutter und/oder seines Vaters symbolisieren. Diese Gegenstände sollen vorerst hier im Kindergarten bleiben, damit die Kinder damit spielen können. Es kann sich bei den Gegenständen also gern um Attrappen (z. B. Gegenstände aus dem Kaufladen, ein Spielzeugtelefon, ein Spielzeugarztkoffer oder Werkzeug aus Plastik) handeln.

Vielen Dank für Ihre Mitarbeit! Wir freuen uns auf ein schönes Familienprojekt gemeinsam mit Ihren Kindern!

Herzliche Grüße

Die Erzieherinnen der ____________________-Gruppe

✂ ....

Name des Kindes: ____

Geburtstag: ____

Wohnort und Straße: ____

Namen und Alter der Geschwister: ____

____

Namen der Eltern: ____

Haustier (mit Namen): ____

Berufe der Eltern: ____

____

Vorlesegeschichte: Familienausflug mit Hindernissen (1) (ab 3 Jahren)

Endlich Herbstferien! Mama, Papa, Paul und Marie sind in die Berge gefahren. Ihr Ferienhaus liegt genau am Fuß eines riesigen Bergs, hinter dem ein Wanderweg beginnt. „Auf diesem Weg sind Schilder angebracht, auf denen wir etwas über die Bäume, Pflanzen und Tiere hier lesen können“, sagt Mama begeistert.
Sie wandern los.

Marie und ihr kleiner Bruder Paul maulen schon nach wenigen Schritten: „Immer nur wandern … Wir wollen lieber ins Schwimmbad gehen!“
„Bei dem Wetter?“, Papa lacht. „Das können wir machen, wenn es regnet, aber nicht an einem so herrlichen Sonnentag wie heute.“
„Lauft doch voraus und sucht das nächste Schild“, schlägt Mama vor.
Paul und Marie sehen sich an und rennen los. Weiter vorn macht der Weg eine Biegung, Mama und Papa können sie jetzt nicht mehr sehen. Schnell verstecken sie sich hinter einem Busch am Wegesrand. „Achtung, warte kurz“, flüstert Marie ihrem Bruder zu. Drei Sekunden später wispert sie: „Sie kommen – jetzt!“ Beide Kinder schreien „Huaaaaaaa!“ und springen gleichzeitig hinter dem Busch hervor.
„Huch, ihr habt uns aber erschreckt!“, ruft Mama und umarmt die Kinder.
„Und ich dachte schon, da kommen Geister aus dem Wald“, sagt Papa.
Paul und Marie zwinkern sich zu und lachen. Sie rennen wieder los.
„Dieses Mal laufen wir ein Stückchen weiter, ja?“, fragt Paul. Marie nickt.
Sie steigen kleine Geröllhänge hoch und klettern über den querliegenden Stamm eines umgefallenen Baumes. Jetzt sind sie ganz schön weit gelaufen – die Eltern sind nicht mehr zu sehen oder zu hören.

Plötzlich schreit Paul auf. „Aua, Marie, komm schnell, aua, aua!“ Sein Bein steckt in einem Loch im Boden fest, das er offenbar übersehen hat. Er sitzt auf dem Boden und versucht, seinen Fuß aus dem Loch zu ziehen.
Marie bekommt einen Schreck. „Mama, Papa, kommt schnell!", schreit sie aus Leibeskräften. „Paul hat sich verletzt!“ Keine Reaktion. Die Eltern hören sie nicht.
Sie kniet sich neben ihren Bruder. Sein Knöchel ist zerkratzt und der Fuß hat sich quer in dem Loch verkeilt. Er steckt fest. „Ich drehe mal vorsichtig an deinem Fuß, vielleicht bekommen wir ihn ja gemeinsam da raus.“ Marie zieht und dreht ein wenig. „Aua!“, schreit Paul. „Jetzt warte doch mal …“ Marie dreht noch ein wenig und zieht und plötzlich kommt der Fuß tatsächlich aus dem Loch heraus. Allerdings ohne Schuh. Wenigstens ist der Fuß nicht verletzt!
„Mein Schuh!“, ruft Paul.
„Sei froh, dass dein Fuß frei ist, den Schuh hole ich gleich“, sagt Marie.
Mit einem Stock vergrößert sie das Loch ein wenig und zieht dann den Schuh heraus. „Komm, ich helfe dir beim Anziehen.“
„Danke“, seufzt ihr kleiner Bruder erleichtert und legt den Arm um Marie.

Da hören sie auch schon die Stimmen der Eltern. „Mama, Papa“, schreit Paul.
„Ja, was macht ihr denn?“, rufen die Eltern, als sie die beiden Kinder mitten auf dem Weg sitzen sehen.
„Ich habe mir den Fuß im Boden eingeklemmt und Marie hat mir geholfen.“
„Ist doch klar, dass wir uns gegenseitig helfen, wir sind ja Geschwister“, sagt Marie stolz.
Paul nickt. Mama und Papa umarmen Marie und Paul und sind sehr froh, dass nichts Schlimmeres passiert ist.

Vorlesegeschichte: Familienausflug mit Hindernissen (2) (ab 3 Jahren)

Vorbereitung:
Die Kinder setzen sich in einen Stuhlkreis. Nun kann die Erzieherin mit den Kindern über ihre Familien sprechen.

Anregungen für ein Gespräch zum Thema „Familie“:

- Wer gehört alles zu eurer Familie? (Diese Frage eignet sich auch als Vorbereitung für das „Rollenspiel: Wer darf mit im Zug fahren?", s. S. 8) Hast du Geschwister? Wenn ja, wie viele?
- Ist es schön oder nicht so toll, wenn man Geschwister hat? Was ist daran gut, was nervt euch? (Gut: Man hat jemanden zum Spielen, Erzählen und Trösten, man kann sich gegenseitig helfen und Spielzeug tauschen, man hält zusammen … Nervig: Man streitet sich um Dinge, man muss vieles teilen – Essen, Spielsachen, die Aufmerksamkeit der Eltern –, man hat nicht so viel Platz …)
- Was macht ihr am liebsten mit eurer Familie?
- Habt ihr euch in der Familie schon einmal gegenseitig geholfen? Wobei habt ihr euren Geschwistern oder Eltern schon einmal geholfen? Haben sie sich gefreut? Was haben sie gesagt?
- Von wem lasst ihr euch am liebsten trösten, wenn ihr euch wehgetan habt?
- Gab es auch schon einmal Streit in eurer Familie oder unter euch Geschwistern? Habt ihr euch wieder vertragen?

Fingerspiel „Bärenfamilie“ (ab 1 Jahr)

Spielanleitung:
Die Erzieherin stellt das Fingerspiel und die Bewegungen vor. In der nächsten Runde sprechen die Kinder mit und führen die Bewegungen aus.

Text	Bewegungen
Das ist Mamabär, seht mal alle, schaut mal her!	*Zeigefinger hochhalten*
Runde Ohren,	*mit den Händen die Ohren zeigen*
breite Nase,	*mit den Händen eine Nase formen*
ein weiches Fell	*eine Hand streichelt die andere*
und ein Stummelschwanz!	*beide Hände zeigen den Schwanz*
Das ist Papabär … (s. o.)	*Daumen hochhalten*
Das ist Schwesterbär … (s. o.)	*Mittelfinger hochhalten*
Das ist Bruderbär … (s. o.)	*Ringfinger hochhalten*
Das ist Babybär, seht mal alle, schaut mal her! Alles anders, alles klein, kann das auch ein Bärchen sein?	*kleinen Finger hochhalten*
Winzige runde Ohren,	*mit den Händen die kleinen Ohren zeigen*
eine schmale Nase,	*nur eine Hand zeigt die winzige Nase*
ein struppiges Fell	*eine Hand streicht über die andere*
und ein winziger Stummelschwanz.	*eine Hand zeigt den kleinen Schwanz*

BVK • Mareike Brombacher: Kita aktiv „Projektmappe Familie“

Rollenspiel: Wer darf mit im Zug fahren? (ab 3 Jahren)

Material:
so viele Stühle, wie Kinder und Erzieherinnen anwesend sind, die bei den Eltern angefragten Daten der Kinder (s. S. 5)

Vorbereitung:
1. Um das Spiel vorzubereiten, ist es wichtig, dass die Erzieherin sich vorher die Daten der Kinder zurechtlegt (Name, Alter, Namen der Eltern und Geschwister).
2. Die Stühle werden hintereinander aufgestellt. Davor steht der Stuhl für die Erzieherin. Sie ist die Schaffnerin.
3. Die Kinder stellen sich in einer Schlange vor der Erzieherin auf. (Gibt es ältere Kinder in der Gruppe, kann sich auch ein Kind auf einen weiteren Stuhl vor das „Abteil“ setzen. So lassen sich zwei Schlangen bilden und es kommen schneller mehr Kinder an die Reihe).

Spielanleitung:
Die Erzieherin sagt zum ersten Kind: „So, gleich fährt der Zug los. Du möchtest noch mitfahren? Jeden können wir natürlich nicht mitnehmen. Da muss ich erst einmal ein paar Fragen stellen.“ Dann stellt sie dem Kind in einem gespielt offiziellen Tonfall die folgenden Fragen und spielt dabei durchgehend die Rolle der Person, die die Tür zum Abteil öffnen soll:

Ab 3 Jahren:
- Wie heißt du denn?
- Wie alt bist du?
- Wie heißt denn deine Mama?
- Und dein Papa?
- Hast du Geschwister?
- Und wie heißen deine Geschwister?

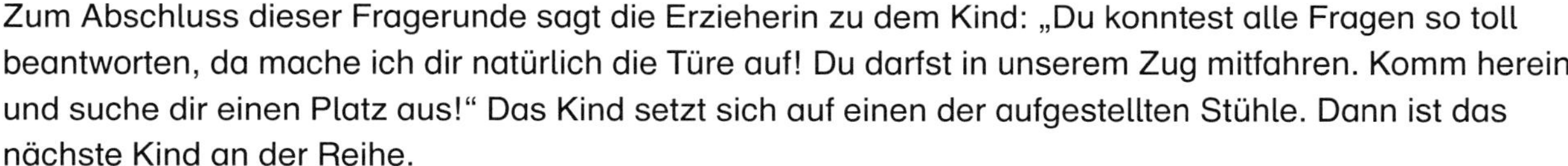

Tipp: Ältere Kinder können gesiezt werden.

Zum Abschluss dieser Fragerunde sagt die Erzieherin zu dem Kind: „Du konntest alle Fragen so toll beantworten, da mache ich dir natürlich die Türe auf! Du darfst in unserem Zug mitfahren. Komm herein und suche dir einen Platz aus!“ Das Kind setzt sich auf einen der aufgestellten Stühle. Dann ist das nächste Kind an der Reihe.
Die Fragerunde geht so lange, bis alle Kinder „im Zug“ sitzen.

Dann kann das Lied „Tuff, tuff, tuff die Eisenbahn“ gesungen werden, um das Fragespiel musikalisch abzuschließen.

Text zum Lied:
Tuff, tuff, tuff die Eisenbahn, wer will mit nach Frankfurt (oder der Name des Ortes, in dem der Kindergarten ist) fahr’n, alleine fahren mag ich nicht, drum nehm ich mir den / die … (den Namen eines „Passagiers“ einsetzen) mit.

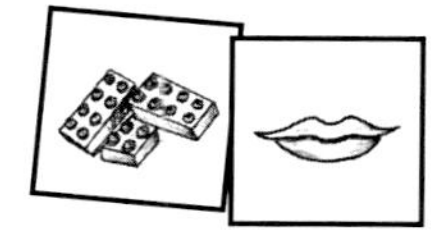

Welche Berufe haben eure Eltern? (ab 2 Jahren)

Material:
Stuhlkreis, 1 Tuch, die mitgebrachten Gegenstände zu den Berufen (s. dazu Kopiervorlage „Elternbrief“, S. 5)

Vorbereitung:
Die Erzieherin stellt einen Stuhlkreis auf und legt das Tuch in die Mitte. Sie sorgt dafür, dass alle Kinder ihre Gegenstände von zu Hause parat haben. Die Kinder setzen sich in den Stuhlkreis.

Einführung:
Es bietet sich an, ein kleines Gespräch über Berufe mit den Kindern zu führen:
• Wo sind eure Eltern jetzt gerade, während ihr hier im Kindergarten seid? • Warum gehen Mama und Papa arbeiten? (Um Geld zu verdienen, damit man sich etwas zu essen kaufen und in den Urlaub fahren kann etc.) • Welche Eltern gehen nicht arbeiten? Was machen sie jetzt gerade? (Auf kleine Geschwister aufpassen, kochen, einkaufen, waschen …) • Wann kommen eure Mama und euer Papa immer von der Arbeit nach Hause? • Welche Berufe kennt ihr? • Was möchtet ihr später einmal werden?

Spielanleitung:
Nun macht reihum jedes Kind mit dem mitgebrachten Gegenstand eine Bewegung, die typisch für den Beruf des Elternteils ist (bei den kleineren Kindern ist hierbei die Erzieherin behilflich). Die anderen Kinder in der Gruppe müssen raten, um welchen Beruf es sich handelt. Sobald der Beruf erraten wurde, wird der jeweilige Gegenstand auf das Tuch in der Mitte gelegt, sodass er für alle gut sichtbar ist. Zudem kann jedes Kind noch etwas zu dem Beruf seiner Mama und / oder seines Papas erzählen. Nach dem Erzählkreis können die Gegenstände zu den Berufen mit in die Rollenspielecke genommen werden.

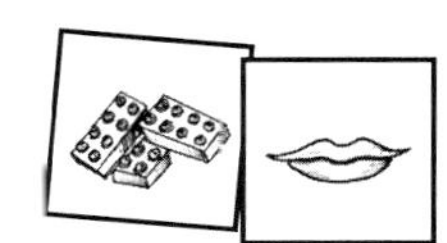

Familiensteckbriefe (ab 2 Jahren)

Material:
Zettel mit den Daten der Kinder (s. S. 5), Kopiervorlagen „Familiensteckbrief“ (s. S. 10 und 11), Buntstifte

Arbeitsanleitung:
Die Erzieherin erkundigt sich anhand der Daten über die Familien der Kinder, wer wie viele und welche Familiensteckbriefe benötigt. Auf den Seiten 10 und 11 befindet sich jeweils ein Steckbrief für das Kind, den Vater, die Mutter und ein Geschwisterkind. Die Erzieherin kopiert die Kopiervorlagen „Familiensteckbrief“ so oft wie nötig und schneidet sie in der Mitte durch. Dann befragt sie das Kind mit Hilfe der Steckbriefe zu seinen Familienmitgliedern und zum Schluss zu ihm selbst. Sie füllt gemeinsam mit den Kindern die Steckbriefe aus. Sind sie fertiggestellt, lassen sie sich lochen und im „Familienalbum“ (s. S. 24) dem richtigen Foto zuordnen oder vielleicht sogar als eigene Seite hinzufügen.

Tipp:
Für das Abschlussfest bieten sich diese Steckbriefe auch für eine Ausstellung wunderbar an, auf der Eltern sehen können, wie ihre und andere Kinder ihre eigene Familie wahrnehmen und beschreiben.

Familiensteckbrief

So heiße ich: ______

Meine Geschwister nennen mich: ______

Mama und Papa nennen mich: ______

So sehe ich aus: ______

______

______

Das spiele ich am liebsten: ______

______

Das ist mein Lieblingsessen: ______

Das mag ich an meiner Familie besonders: ______

______

Familiensteckbrief

So heißt mein Geschwisterkind: ______

So nenne ich es: ______

So sieht es aus: ______

______

______

Das spielen wir am liebsten: ______

______

Das ist sein Lieblingsessen: ______

Das mag ich besonders gern an ihm: ______

______

______

Familiensteckbrief

So heißt meine Mama: ____________________

So nenne ich sie: ____________________

So sieht sie aus: ____________________

____

Das spielen wir am liebsten: ____________________

____

Das macht sie am liebsten: ____________________

____

Das ist ihr Lieblingsessen: ____________________

Das mag ich besonders gern an ihr: ____________________

____

Familiensteckbrief

So heißt mein Papa: ____________________

So nenne ich ihn: ____________________

So sieht er aus: ____________________

____

Das spielen wir am liebsten: ____________________

____

Das macht er am liebsten: ____________________

____

Das ist sein Lieblingsessen: ____________________

Das mag ich besonders gern an ihm: ____________________

____

Familienquiz (ab 4 Jahren)

Material:
Kopiervorlagen „Quizkarten“ (s. u. und S. 13), ggf. das fertiggestellte Familienalbum und / oder den Familienbaum (s. S. 24 und 25), Schere, ggf. Buntstifte, ggf. 1 Laminiergerät und -folie

Arbeitsanleitung:
Die Erzieherin kopiert die Vorlage „Quizkarten“ (je nach Gruppengröße und -zusammensetzung ggf. jede der „einfachen“ Fragen doppelt kopieren), schneidet sie aus und laminiert sie. Sie legt die Quizkarten verdeckt auf den Tisch. Nun darf jedes Kind reihum eine Karte ziehen und die Erzieherin liest die Quizkarten vor. Das Kind, das gerade an der Reihe ist, kann unterstützend in seinem Familienalbum oder in seinem Familienbaum nachsehen, ob die gesuchte Person dort abgebildet ist. Weiß das Kind die richtige Antwort, darf es die Karte behalten. Wer zum Schluss die meisten Karten hat, hat gewonnen.

Tipp:
Wenn Fälle auftreten, bei denen Kinder Halbgeschwister haben, können dazu ebenfalls Fragen gestellt werden. Hierzu können Sie die Blankokarten verwenden. Es bietet sich auch an, bei allen Fragen mit konkreten Situationen zu arbeiten, um die Beziehungen besser zu veranschaulichen, zum Beispiel: „Die Nina ist deine … (Schwester, Tante, Mama …)“ oder „Wer ist deine Cousine?“

Kopiervorlage „Quizkarten“ (1):

Wer gehört zu deinen Eltern – die Mama und der ...? (Papa)	Du selbst bist für deine Eltern die /der … (Tochter) / (Sohn)?	Deine Schwester ist (oder wäre) die … (Tochter) von deinen Eltern.
Dein Bruder ist (oder wäre) der … (Sohn) von deinen Eltern.	Die Tochter deiner Eltern ist (oder wäre) deine ...? (Schwester)	Der Sohn deiner Eltern ist (oder wäre) dein ... ? (Bruder)
Der Bruder von deinem Papa ist dein …? (Onkel)	Der Bruder von deiner Mama ist dein …? (Onkel)	Die Mutter von deinem Papa ist deine …? (Oma)
Der Vater von deinem Papa ist dein …? (Opa)	Die Schwester von deiner Mama ist deine ...? (Tante)	

Kopiervorlage „Quizkarten“ (2):

Die Schwester von deinem Papa ist deine …? (Tante)	Du selbst bist für deine Oma der / die …? (Enkel / Enkelin)	Deine Mama ist für deine Oma die …? (Tochter)
Dein Papa ist für deine Oma der …? (Sohn)	Deine Mama ist für deinen Opa die …? (Tochter)	Dein Papa ist für deinen Opa der …? (Sohn)
Die Frau von deinem Onkel ist deine …? (Tante)	Der Mann von deiner Tante ist dein …? (Onkel)	

Kopiervorlage „Quizkarten: Jetzt wird es schwer" (ab 5 Jahren)

Wie nennt man den Sohn von dem Bruder deiner Mama? (Cousin)	Wie nennt man den Sohn von dem Bruder deines Papas? (Cousin)	Wie nennt man die Tochter von der Schwester deines Papas? (Cousine)
Wie nennt man die Tochter von der Schwester deiner Mama? (Cousine)	Wie nennt man die Mama von deiner Oma? (Uroma)	Wie nennt man den Papa von deinem Opa? (Uropa)

Mein Haustier geht schlafen (ab 3 Jahren)

Material:
Kopiervorlage „Mein Haustier geht schlafen“ (s. S. 15), 1 Schere, Buntstifte, Strohhalme, 1 grüne Tischdecke oder 1 großer grüner Tonkarton, 2 Tische, ggf. 1 Laminiergerät und -folie

Vorbereitung:
1. Zur Vorbereitung kopiert die Erzieherin zunächst die Abbildungen der Haustiere jeweils dreimal und die Behausungen jeweils einmal und schneidet sie aus.
2. Gemeinsam mit den Kindern werden die Tiere und ihre Behausungen nun bunt angemalt und im Anschluss ggf. laminiert.
3. Zwei Tische werden in der Raummitte aufgestellt, etwa im Abstand von einem Meter.
4. Auf dem einen Tisch wird die grüne Tischdecke bzw. der Tonkarton ausgebreitet, auf dem anderen werden die Behausungen verteilt. Die Tiere werden nebeneinander auf die „Wiese“, also auf die grüne Tischdecke, gelegt.

Einführung:
Zur Einführung kann mit den Kindern über ihre Haustiere gesprochen werden. Dazu bieten sich folgende Gesprächsanregungen an:
- Habt ihr ein Haustier?
- Wenn ja, was für eines? Wie heißt es?
- Wer versorgt das Haustier? Was ist deine Aufgabe?
- Ist es schön, ein Haustier zu haben? Warum?
- Was ist nicht so schön? Warum?
- Gehört euer Haustier für euch zur Familie? Warum?
- Was macht ihr mit eurem Haustier?
- Wie sieht der Schlafplatz für euer Haustier aus?

Spielanleitung:
1. Jedes Kind bekommt einen Strohhalm.
2. Der Reihe nach suchen sich die Kinder ein Tier aus und sagen einen Satz dazu, welches Tier wo schläft. Die Kinder können auch den Namen des eigenen Haustieres einsetzen.
3. Dann saugen sie das ausgesuchte Tier mit dem Strohhalm an. Den Saugdruck haltend gehen sie mit dem Tier am Strohhalm von dem einen Tisch zum anderen und bringen das Tier zu seinem Schlafplatz. Geschafft!

Mögliche Sätze für die sprachliche Begleitung:
- Mein Hund schläft im Körbchen.
- Meine Katze schläft auf dem Kratzbaum.
- Mein Meerschweinchen schläft im Meerschweinchenkäfig.
- Mein Wellensittich schläft im Vogelkäfig.
- Mein Kaninchen schläft im Kaninchenstall.
- Mein Fisch schläft im Aquarium.
- Mein Hamster schläft im Hamsterkäfig.

Kopiervorlage „Mein Haustier geht schlafen“

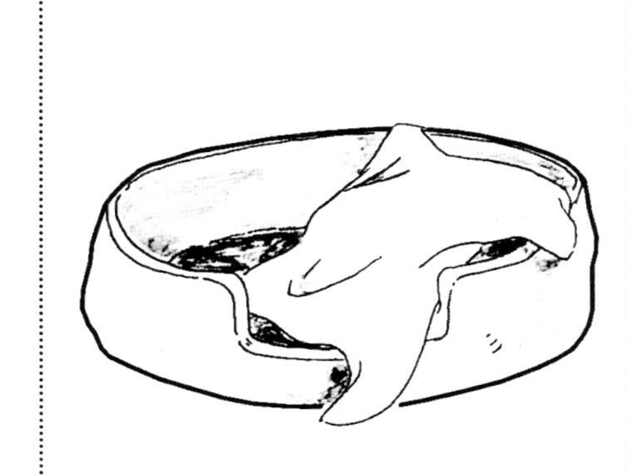

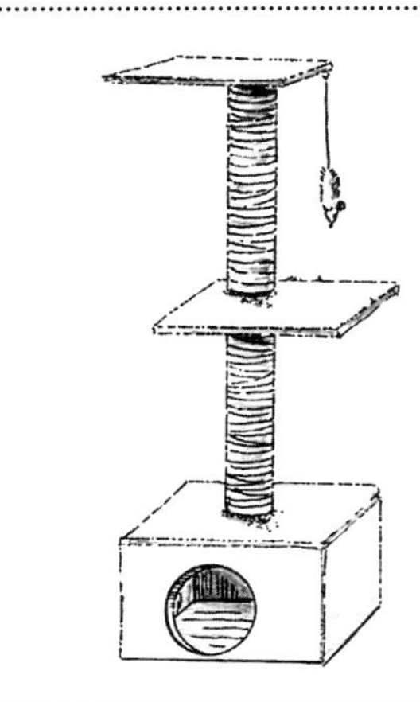

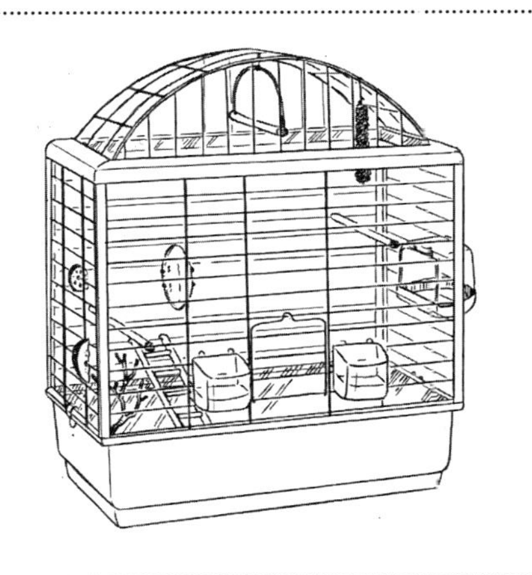

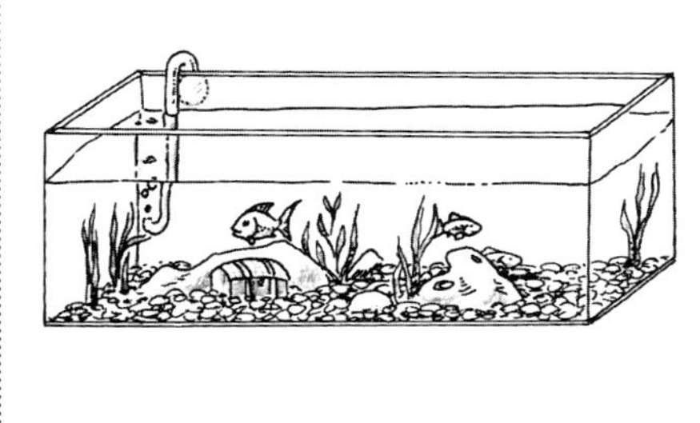

Tierfamilien (ab 4 Jahren)

Material:
Kopiervorlage „Tierfamilien“ (s. u. und S. 17), Papier, 1 Schere, Buntstifte

Arbeitsanleitung:
Die Erzieherin kopiert die Vorlage „Tierfamilien“ mehrfach und schneidet sie aus. Die Kinder setzen sich in einen Stuhlkreis und die Erzieherin hält eine Karte nach der anderen hoch. Sie fragt dabei, ob die Kinder wissen, wie man zum Beispiel das Mama-Schwein oder das Papa-Schwein nennt. Dann legt sie die Karten in die Mitte des Stuhlkreises. So lernen die Kinder die unterschiedlichen Bezeichnungen von Bauernhof- und Waldtieren kennen. Die Kinder können sich anschließend eine Tierfamilie aussuchen und ausmalen. Zum Schluss dürfen die Kinder ihre Tierfamilie mit nach Hause nehmen oder im Gruppenraum aufhängen.

Kopiervorlage „Tierfamilien“ (1)

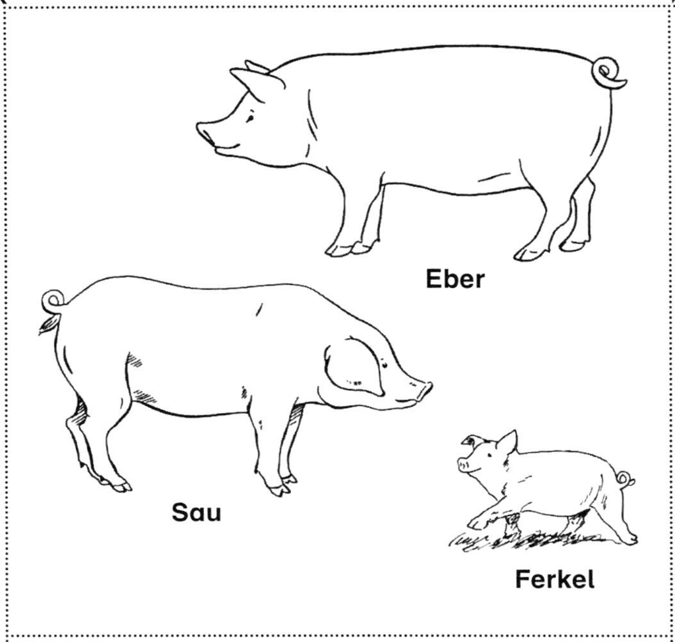

Eber

Sau

Ferkel

Reh

Rehkitz

Rehbock

Katze

Kater

Kitte

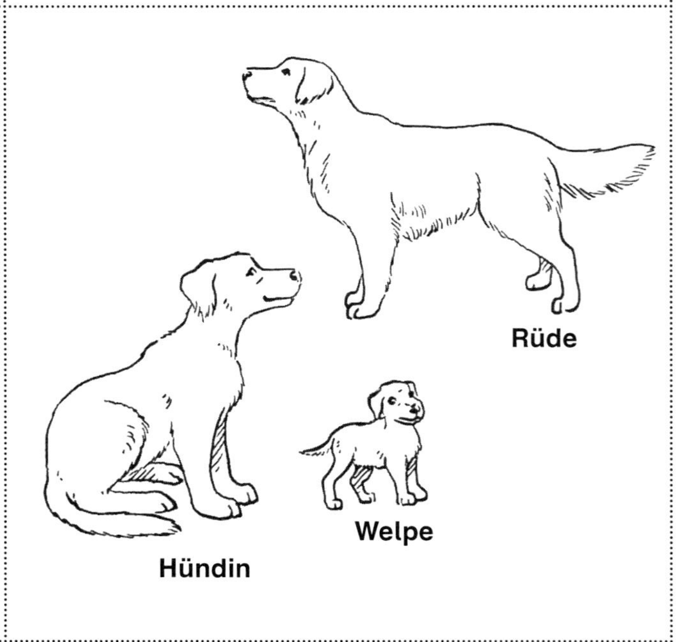

Rüde

Welpe

Hündin

Kopiervorlage „Tierfamilien“ (2)

Ziegenbock

Zicke / Geiß

Zicklein

Stute

Hengst

Fohlen

Bulle / Stier

Kalb

Kuh

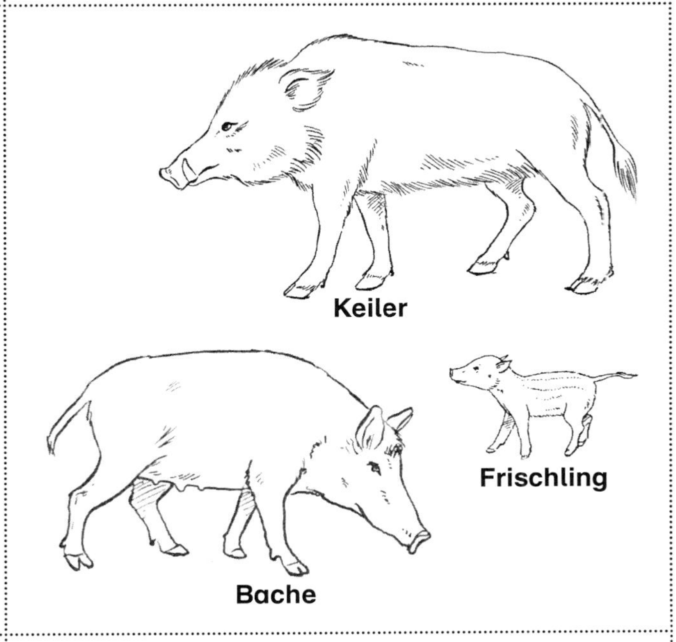

Keiler

Frischling

Bache

(Mutter-)Schaf

Bock / Widder

Lamm

Henne

Hahn

Küken

Familienalltag: Was gibt es zu Hause? (ab 5 Jahren)

Verbinde den Anlaut mit dem richtigen Bild.

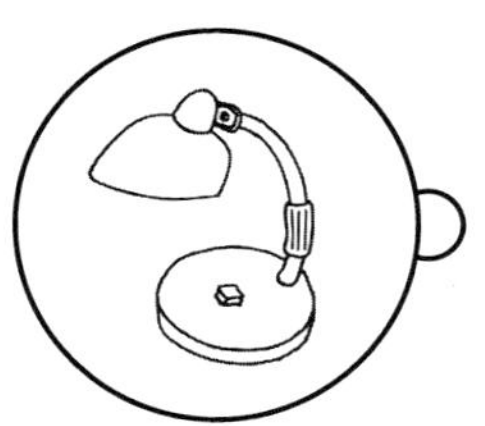
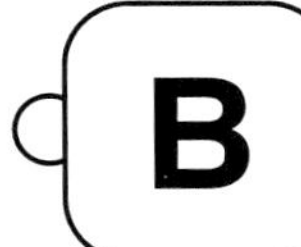

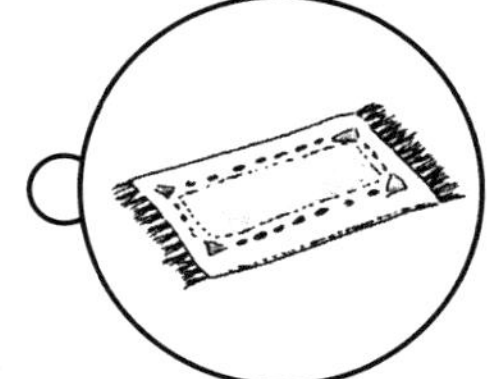

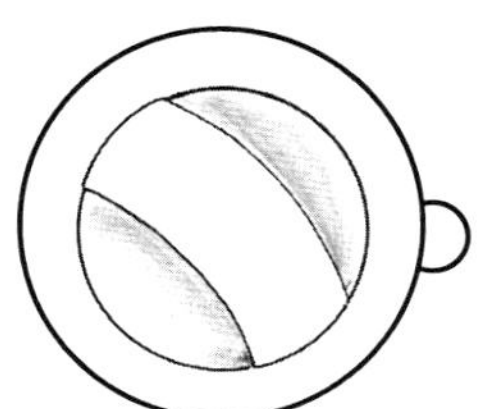
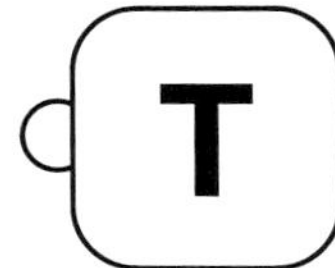

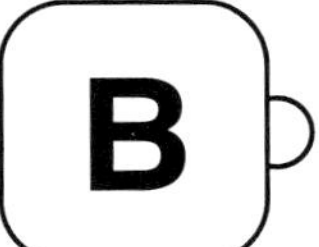

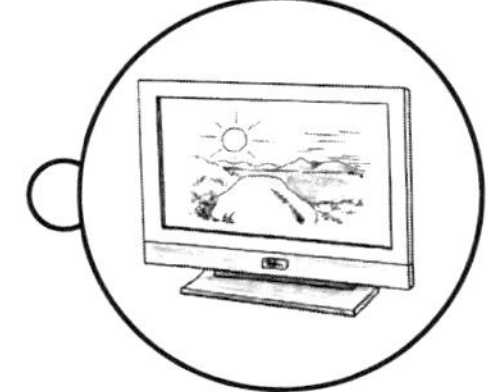

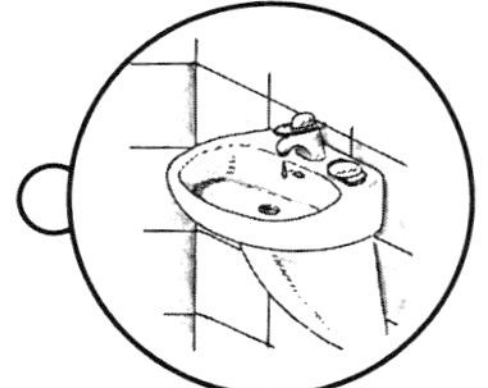

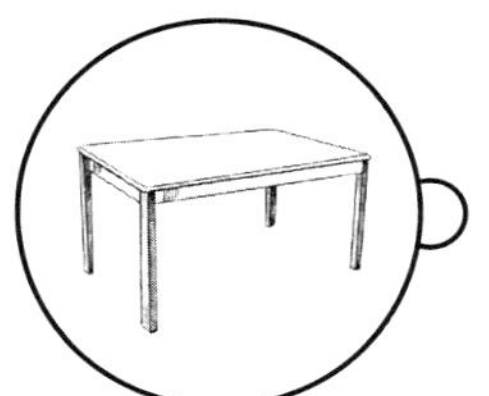
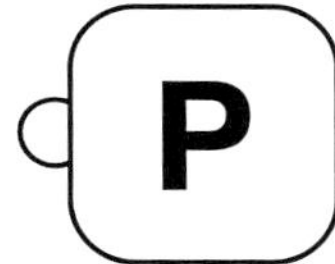

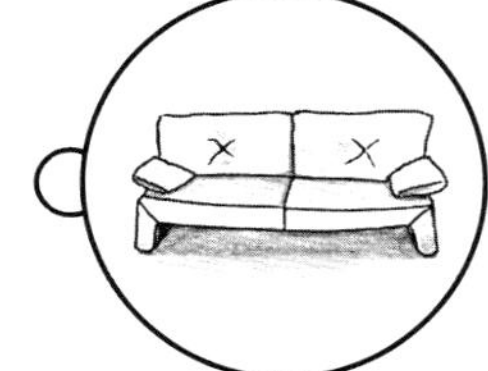

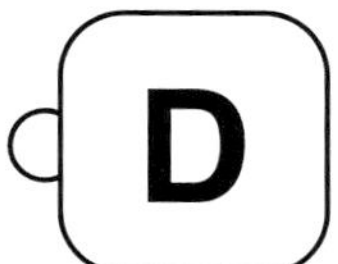

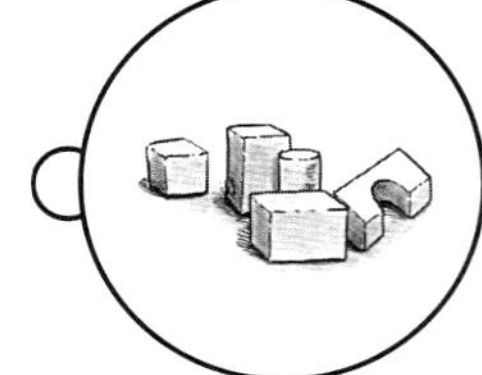

BVK • Mareike Brombacher: Kita aktiv „Projektmappe Familie“

Familienklänge (ab 3 Jahren)

Material:
Kopiervorlage „Köpfe" (s. u.), 1 Schere, Kleber, 5 leere, saubere Marmeladengläser ohne Deckel, Wasser, Teelöffel

Arbeitsanleitung:
Die Erzieherin kopiert die Vorlage „Köpfe" und schneidet sie aus. Sie klebt sie mittig auf die Marmeladengläser. Die Köpfe sollten zwar gut sichtbar für die Kinder befestigt werden, aber doch so klein sein, dass die Kinder auch das Wasser gut sehen können, das die Erzieherin in unterschiedlicher Höhe in die Gläser füllt: In das Papa-Glas kommt nur wenig Wasser, in das Mama-Glas etwas mehr und in die Kinder-Gläser wiederum jeweils noch etwas mehr. Im Baby-Glas ist am meisten Wasser.
Die Glasfamilie ist nun fertig. Die Kinder setzen sich in einen Stuhlkreis. Die Erzieherin schlägt vorsichtig mit dem Teelöffel gegen das Papa-Glas, sodass die Kinder den Klang hören können (oder sie lässt ein Kind dagegenschlagen). Dann schlägt sie vorsichtig gegen das Mama-Glas. Gemeinsam mit den Kindern stellt sie fest: Das klingt ja ganz anders, das ist ein höherer Ton als beim Papa-Glas. Beide Töne werden hintereinander angespielt. Nun sollen die Kinder die Augen schließen und nur durch Hören herausfinden, ob die Erzieherin das Papa-Glas oder das Mama-Glas anspielt. Für die kleinen Kinder kommt nur noch *ein* Kind-Glas dazu. Drei Gläser bzw. Töne zu unterscheiden, ist für die Kleinen ausreichend. Die Großen schaffen es vielleicht schon, fünf Tonhöhen zu differenzieren. Hier ist zu empfehlen, das Baby-Glas sehr hoch zu stimmen, also sehr viel Wasser einzufüllen, damit es für die Kinder einfacher wird, die Gläser akustisch zu unterscheiden.

Gesprächsanregungen:
- Ihr habt festgestellt, dass sich jedes Glas anders anhört: Warum hat das „Papa-Glas" einen tieferen Klang als das „Baby-Glas"?
- Wie klingen die Stimmen in eurer Familie?
- Gibt es in eurer Familie noch andere Unterschiede zwischen den Familienmitgliedern?
- Welche Gemeinsamkeiten gibt es?

Kopiervorlage „Köpfe"

Das Regellied (ab 2 Jahren)

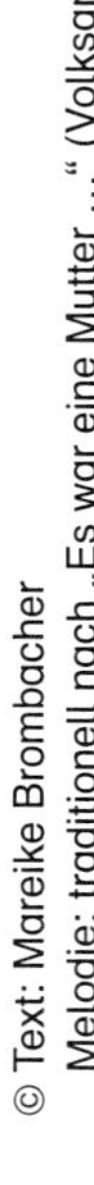

2. Wir helfen im Haushalt, wir können schon viel,
den Müll rauszutragen, das ist wie ein Spiel.
Den Boden zu fegen, das ist kein Problem,
wir können schon viel, das kann man gleich seh'n.

3. Komm ich grad von draußen her, dann ist ganz klar:
Ich zieh meine Schuh aus, dann stehen sie da.
Auf der Matte am Boden, meine Hausschuh hol ich.
Dann bleibt das Haus sauber, meine Eltern freu'n sich.

4. Beim Essen zu schreien, ist hier nicht erlaubt.
Sonst kann man nichts versteh'n, auch wenn ihr das nicht glaubt.
Wir sind so viele, wenn man spricht, hör'n wir zu.
So können wir essen und reden in Ruh.

Anregungen für das anschließende Gespräch im Stuhlkreis:
Es bietet sich an, mit den Kindern über Regeln und Rituale in der Familie zu sprechen, zum Beispiel:
- Warum sind Regeln überhaupt wichtig in einer Familie, was glaubt ihr?
- Was für Regeln gibt es bei euch zu Hause? Warum gibt es diese Regeln? (Händewaschen ist z. B. wichtig, weil man sich dann nicht so leicht bei kranken Leuten ansteckt und damit man keinen Dreck isst …)
- Wie ist das bei euch während des Essens? Hören sich alle zu? Was für Regeln beim Essen kennt ihr noch? (Nicht schmatzen oder kleckern …)
- Seid ihr auch schon einmal mit dreckigen Schuhen durch das Haus gegangen? Was haben eure Eltern dazu gesagt?
- Wie helft ihr euren Eltern im Haushalt?

Du bist du: Fühl mal (ab 2 Jahren)

Material:
Lied: Fühl mal (s. u.)

Vorbereitung:
Die Erzieherin erklärt den Kindern, dass man in der Familie zwar in einer Gruppe von Menschen lebt, jeder aber eine ganz eigene Person mit eigenen Wünschen und Bedürfnissen ist. Schließlich möchten zum Beispiel nur selten alle Familienmitglieder das Gleiche essen oder unternehmen. Alle Menschen sind verschieden und das ist auch gut so. Für jeden Einzelnen ist es aber wichtig herauszufinden, was er möchte oder nicht möchte, mag oder nicht mag, damit er das den anderen mitteilen kann.

Spielanleitung:
Während des Liedes werden die gesungenen Bewegungen gemeinsam mit den Kindern durchgeführt. Mit dieser Übung erfahren die Kinder spielerisch ihren eigenen Körper. Sie singen ein Lied, lernen die Begriffe des Körpers kennen und fühlen sich – auch in Abgrenzung zu anderen.

Fühl mal

2. |: Fühl mal deine Arme, sie sind ganz glatt und warm. :|
Du kannst sie schütteln und ausstrecken, so wie du's gerne magst.
Fühl mal deine Arme, sie sind ganz glatt und warm.

3. |: Fühl mal deine Beine, sie sind ganz stark und warm. :|
Du kannst sie wippen und aufstampfen, so wie du's gerne magst.
Fühl mal deine Beine, sie sind ganz stark und warm.

4. |: Fühl mal deine Hände und fass die Finger an. :|
Du kannst sie öffnen oder reiben, so wie du's gerne magst.
Fühl mal deine Hände und fass die Finger an.

5. |: Fühl mal deine Haare, sie sind ganz weich und schön. :|
Du kannst sie streicheln und verwuscheln, so wie du's gerne magst.
Fühl mal deine Haare, sie sind ganz weich und schön.

6. |: Fühl mal deine Füße und fass die Zehen an. :|
Du kannst sie drücken oder kitzeln, so wie du's gerne magst.
Fühl mal deine Füße und fass die Zehen an.

7. |: Fühl mal deinen Rücken, da kommst du nicht leicht dran. :|
Du kannst ihn kratzen oder reiben, so wie du's gerne magst.
Fühl mal deinen Rücken, da kommst du nicht leicht dran.

8. |: Schließ mal deine Augen und leg die Hände drauf. :|
Sie sind ganz weich, du kannst sie streicheln, so wie du's gerne magst.
Schließ mal deine Augen und leg die Hände drauf.

Five little ducks (ab 4 Jahren)

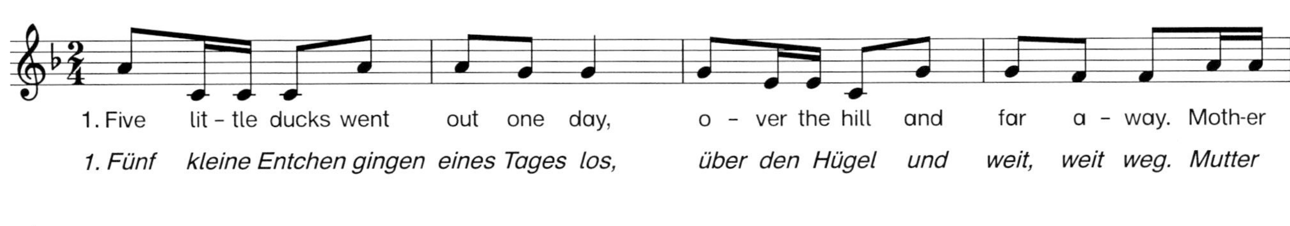

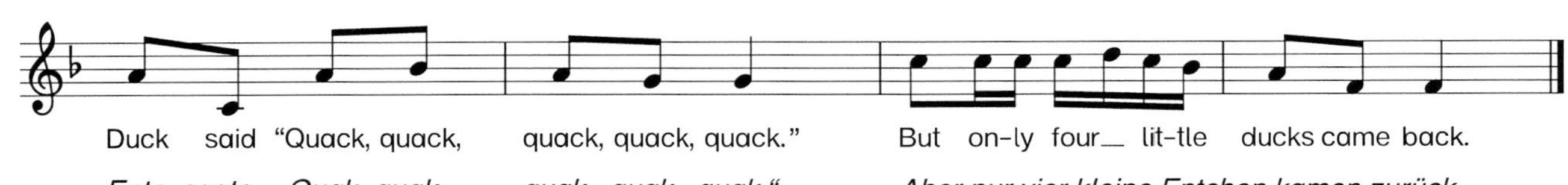

2. Four little ducks
went out one day,
over the hill and far away.
Mother duck said
"Quack, quack, quack, quack."
But only three little ducks came back.

3. Three little ducks …
4. Two little ducks …
5. One little duck …
… But none of the five little ducks came back.

6. Sad mother duck
went out one day,
over the hill and far away.
The sad mother duck said
"Quack, quack, quack."
And all of the five little ducks came back.

Übersetzung der letzten Strophe:
Die traurige Mutter Ente sagte „Quak, quak, quak“ und alle fünf kleinen Entchen kamen zurück.

Mitmachgeschichte: Mama bekommt ein Baby (1) (ab 3 Jahren)

Material:
Mitmachgeschichte (s. S. 23), Babyfotos der Kinder (s. Kopiervorlage „Elternbrief“, S. 5), Orff-Instrumente (wenn möglich) oder in der Einrichtung vorhandene Rasseln, Klingeln, Trommeln

Arbeitsanleitung:
Die Kinder sitzen im Stuhlkreis und die Erzieherin teilt die Instrumente aus. Die Erzieherin erzählt den Kindern, wie es ist, wenn eine Mutter schwanger ist, ihr Bauch größer wird und ein Geschwisterkind auf die Welt kommt. Anhand der Babyfotos können die Kinder sehen, dass sie selbst auch einmal ein Baby waren. Dann liest die Erzieherin die Mitmachgeschichte vor (s. S. 23). Immer, wenn das Wort „Baby“ in der Geschichte vorkommt, sollen die Kinder Lärm machen, um das Kind freudig zu begrüßen. Am Ende der Geschichte will das Baby aber schlafen und alle sagen gemeinsam „Pssst, das Baby schläft jetzt.“

Tipp:
Mit älteren Kindern können dem Baby, Lucas, Mama und Papa verschiedene Instrumente zugeordnet werden, die dann bei der Nennung der jeweiligen Person gespielt werden.

Tipps für Gesprächsanlässe
- Wer von euch hat schon ein Geschwisterkind bekommen? Wie war das?
- Was verändert sich?
- Was findest du gut, was findest du nicht so gut?
- Wie ist es, großes oder kleines Geschwisterkind zu sein?
- Was kann man seinem Geschwisterkind beibringen?
- Was kann man selbst von seinem Geschwisterkind lernen?

BVK • Mareike Brombacher: Kita aktiv „Projektmappe Familie“

Mitmachgeschichte: Mama bekommt ein Baby (2) (ab 3 Jahren)

Lucas ist drei Jahre alt. Er wohnt mit seiner Mama und seinem Papa in einer Wohnung in einer großen Stadt. Vor ein paar Wochen haben Mama und Papa ihm erzählt, dass sie bald nicht mehr mit ihm allein hier wohnen, sondern dass er noch ein Geschwisterchen bekommen wird. In Mamas Bauch wächst nämlich ein kleines **Baby** heran. „Dann bist du nicht mehr so allein mit uns, denn du hast bald ein Brüderchen oder ein Schwesterchen", sagt Papa. Lucas sieht sich Mamas Bauch daraufhin genauer an: Tatsächlich! Er ist viel dicker als sonst. Lucas darf seine Hand auf Mamas Bauch legen. Er ist weich und warm und plötzlich spürt Lucas, wie sich darin etwas bewegt. Das **Baby**! Lucas strahlt über das ganze Gesicht. Es hat sich im Bauch von seiner Mama bewegt, es hat gestrampelt. „Da wollte dir wohl jemand hallo sagen, was?" Mama lacht. Lucas muss auch lachen.

In den nächsten Wochen darf Lucas dabei helfen, für das **Baby** einen Schlafplatz und einen Wickelplatz einzurichten. Schließlich ist er der große Bruder. „Zum Glück haben wir noch einige Sachen von dir aufgehoben", sagt Mama. „Du warst ja auch mal ein **Baby**." Lucas kann sich das gar nicht vorstellen. In dieses kleine Bettchen soll er hineingepasst haben? Diesen kleinen Strampelanzug soll er getragen haben? Er verschwindet in seinem Zimmer und holt ganz viele Kuscheltiere. „Die darf das **Baby** alle haben, mit denen spiele ich nicht so oft", sagt er stolz. „Damit kann es schön kuscheln." „Das ist aber lieb von dir!", sagt Mama. Gemeinsam legen sie die Kuscheltiere in eine Ecke des Regals im **Baby**zimmer. „Den braunen Plüschhasen mit den langen Ohren lege ich schon mal in den Flur, den bekommt das **Baby** zuerst", sagt Lucas.

Dann ist es so weit: Mamas Bauch ist so groß geworden, dass das **Baby** nicht mehr genug Platz darin hat. Es möchte herauskommen. Sie wissen nun auch schon, dass es ein Mädchen wird. Lucas bekommt also eine kleine Schwester. Und eines Abends kommt Oma vorbei und bleibt bei Lucas, während Mama und Papa ins Krankenhaus fahren. Dort hilft eine Ärztin Mama, das **Baby** auf die Welt zu bringen. Das ist nämlich ganz schön anstrengend.

Endlich darf Lucas das **Baby** im Krankenhaus besuchen! Er ist sehr gespannt auf seine kleine Schwester. „Sieh mal, das ist deine Schwester Louisa", flüstert Mama. Louisa liegt bei Mama auf dem Arm und ist winzig klein. Lucas umarmt sie glücklich. Nach ein paar Tagen kommen Mama und das **Baby** nach Hause. Dort darf Lucas das **Baby** im Sitzen auf den Schoß nehmen und es streicheln. Louisa kann noch nicht laufen und auch noch nicht sprechen. Spielen kann Lucas mit ihr also noch nicht. Das **Baby** hat auch noch keine Zähne und trinkt bei Mama an der Brust. Zwischendurch schreit es, weil es Hunger hat oder sich allein fühlt. Mama und Papa wechseln dem **Baby** zwischendurch seine Windel, weil es noch nicht auf die Toilette gehen kann.

Ein bisschen seltsam ist es schon, dass die Eltern sich nun noch um ein anderes Kind kümmern und nicht mehr nur um Lucas. Aber er ist nun ein großer Bruder und nimmt sich vor, sich gut um seine kleine Schwester zu kümmern. Und wenn sie groß genug ist, dann will er ihr alle seine Spielsachen zeigen. Erst einmal legt er den großen braunen Hasen neben Louisa, denn der ist schön weich.
Jetzt ist das **Baby** müde und schläft.
(Alle Kinder sagen gemeinsam: „Pssst, das Baby schläft jetzt.")

Das Familienalbum (ab 2 Jahren)

Material:
1 Laminiergerät und -folie, 1 Locher, Fotos der Familienmitglieder, Tonkarton oder stärkeres Papier in verschiedenen Farben, Fotokleber, Paketschnur

Vorbereitung:
Die Kinder werden zu Beginn des Projektes gebeten, Bilder von ihren Eltern, Geschwistern, Verwandten und, wenn gewünscht, auch von Haustieren mitzubringen. Unterstützend wird noch vor dem Start des Familienprojektes der Elternbrief verteilt (s. S. 5), sodass die Eltern darüber informiert sind, wofür die Fotos und Informationen benötigt werden.

Arbeitsanleitung:
1. Jedes Kind darf sich eine Papier- oder Tonkartonfarbe für sein ganz persönliches Familienalbum aussuchen.
2. Nun schneidet die Erzieherin jedem Kind den Umschlag für das Album und so viele Seiten wie nötig zurecht.
   Am besten ist eine Größe von DIN A5 pro Seite geeignet, die quer gelegt wird – dann können zusätzlich die „Familiensteckbriefe" (ab S. 9) eingeklebt werden.
3. Die Kinder bemalen und bekleben den Umschlag nach Wahl und schreiben ihren Namen darauf. Dabei kann die Erzieherin helfen.
4. Die Kinder können nun den Fotokleber auf die Ecken der Foto-Rückseiten kleben und die Fotos mittig auf die jeweilige Tonkartonseite kleben. Sind alle Familienmitglieder aufgeklebt, werden die Karten laminiert. Sind die Familiensteckbriefe schon fertiggestellt worden, können diese ebenfalls laminiert werden.
5. Dann locht die Erzieherin die Seiten sowie den Umschlag und verbindet sie (ggf. auch die Familiensteckbriefe) mit einer Paketschnur, die sie mehrmals durch die Löcher hindurchzieht und zum Schluss verknotet.

Das Familienalbum ist fertig! Im Stuhlkreis kann nun jedes Kind den anderen Kindern seine Familie anhand der Bilder vorstellen. Es bietet sich an, einen festen Platz für die Zeit des Projektes zu bestimmen, an dem alle Alben der Kinder stehen. Dann können die Kinder im Verlauf des Projektes immer wieder ihr Album hervorholen und den anderen Kindern zeigen, von wem sie sprechen, wenn sie von ihren Geschwistern, Eltern und Großeltern oder von ihren Haustieren berichten. Die Erzieherin kann dies ergänzen, indem sie die Kinder nach den Kosenamen fragt, die es in der Familie gibt: Wie nennt ihr euch gegenseitig in eurer Familie? Gibt es besondere Namen?

Wir basteln einen bunten Familienbaum (ab 3 Jahren)

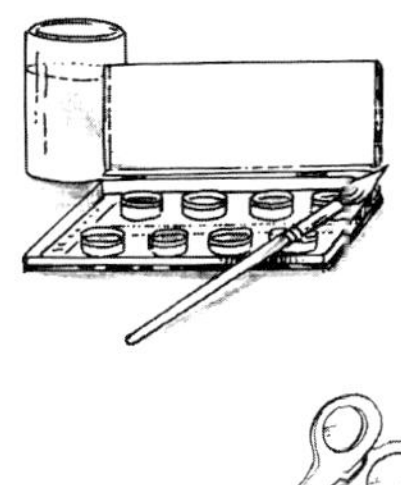

Material:
Fotos von allen, die zur Familie der Kinder gehören (lässt sich kombinieren mit dem „Familienalbum" (s. S. 24), dann müssen die Fotos nur einmal geliefert werden – vielleicht kann eine Erzieherin die Fotos aus den Familienalben einmal kopieren), weiße Acrylfarbe, Pinsel, Bleistift, Scheren, Marmeladenglasdeckel oder Plastikdeckel, Styropor®, Kleber, doppelseitige Klebepads, 1 Vase oder 1 hoher Becher für jedes Kind (z. B. 1 Plastikflasche mit breiter Öffnung; alternativ: Küchenrollen-Papprollen), Zweige, Malkittel, Malunterlagen, alte Zeitung, Gefäße für die Farbe, bunte Papierschnipsel, Wasserfarben

Vorbereitung:
Die Kinder machen mit den Erzieherinnen einen Spaziergang und sammeln vom Boden kleine, aber stabile trockene Stöcke und Zweige ohne Blätter. Sie sollten eine Länge von etwa 30 – 60 cm haben. Jedes Kind sollte zwei bis drei dieser Ästchen für sich sammeln. Außerdem werden in den Wochen vor der Aktion Deckel in unterschiedlichen Größen gesammelt, zum Beispiel von Marmeladen- oder Babynahrungsgläsern. Die doppelseitigen Klebepads lassen sich übrigens recht günstig im Internet in größeren Mengen bestellen.

Hinweis:
Es bietet sich an, nicht weiter über die Familie hinauszugehen als bis zu Mama, Papa, den Geschwistern, Omas und Opas bzw. bis zu den Familienmitgliedern, zu denen die Kinder engen und häufigen Kontakt haben – sonst wird der Stammbaum zu groß.

Arbeitsanleitung:
1. Zunächst ziehen die Kinder sich die Malkittel an und setzen sich an den Maltisch. Die weiße Acrylfarbe ist auf kleine Gefäße verteilt und für alle Kinder gut erreichbar, sodass jedes Kind mit einem Pinsel seine Zweige weiß anmalen kann.
2. Zum Trocknen werden die Zweige auf ein Stück Zeitung in die Nähe der Heizung gelegt – wenn ausreichend Platz ist, bietet sich die Fensterbank an.
3. Währenddessen können die Kinder die „Vase" anmalen oder dekorieren. Je nach Material können hier zum Beispiel bunte Papierschnipsel aufgeklebt oder die Papprollen mit Wasserfarben angemalt werden.
4. Als Nächstes legen die Kinder einen in der Größe passenden Deckel auf das erste Foto, das sie verwenden möchten. Mit einem Bleistift umranden sie den Deckel einmal und schneiden so das Foto für den Deckel passend zu. Den kleineren Kindern hilft die Erzieherin dabei. Anschließend wird das Foto in den Deckel hineingeklebt. So verfahren die Kinder nun mit allen Fotos und Deckeln.
5. Dann wird ein Stück Styropor® so zurechtgeschnitten, dass es in die dafür vorgesehene Vase, Plastikflasche oder Papprolle passt. Die Kinder stecken es in die Vase bzw. Plastikflasche oder Papprolle hinein.
6. Sind die Zweige getrocknet, werden sie in das Styropor® hineingesteckt. Die Erzieherin kontrolliert, ob alle Zweige fest sitzen.
7. Nun dürfen die Kinder ihre Familienmitglieder mit Hilfe der doppelseitig klebenden Klebepads an die Zweige kleben. Wenn möglich, sollten die Kinder dabei mit Omas und Opas oben beginnen, dann die Eltern ankleben und unten sich selbst und ihre Geschwister – ähnlich wie bei einem „echten" Familienstammbaum.

Variante: Familienstammbaum auf Papier
Es ist auch möglich, einen Stammbaum auf Tonpapier zu erstellen. Das bietet sich insbesondere dann an, wenn Sie mit den Kindern Verwandtschaftsbeziehungen über die engere Familie hinaus thematisieren möchten. Dazu werden die Marmeladendeckel mit den Fotos darin einfach auf einen vorgezeichneten Baum auf einen Tonpapierbogen in DIN A3 geklebt, bei dem sich das Kind nah an der Wurzel befindet und seine Familie sich auf die entsprechenden Äste verteilt. Der Baum kann dann von dem Kind individuell verziert werden.

Wir basteln zwei bunte Herzen für Mama und Papa (ab 3 Jahren)

Material:
Kopiervorlage „Herz“ (s. u.), Kleber, Buntstifte, Wassermalfarbe, Pinsel, Scheren, mehrere Bögen roter Tonkarton in DIN A3, Transparentpapier in verschiedenen Farben, Malkittel, ggf. weißes Papier

Vorbereitung:
Die Erzieherin kopiert die Kopiervorlage „Herz“ ungefähr auf DIN-A3-Größe hoch. Dieses Herz schneidet sie aus und überträgt es für jedes Kind auf je zwei Tonkarton-Seiten.

Arbeitsanleitung:
Die Kinder setzen sich an den Basteltisch. Jedes Kind erhält „seine“ Herzen. Nun dürfen die Kinder entscheiden: Möchten sie die Herzen lieber anmalen, bekleben oder Formen hineinschneiden und Transparentpapier dahinterkleben? Sie haben die freie Wahl. Wer gern mit Buntstiften oder Wasserfarben malen möchte, sollte lieber auf weißem Papier malen und dieses anschließend auf das Herz kleben.

Anregung:
Vielleicht möchten die Kinder ein Mosaik machen? Dann rupfen sie buntes Transparentpapier in kleine Schnipsel und bekleben ihre Herzen damit. So entsteht ein Mosaik oder ein Muster – oder die Herzen werden einfach nur bunt.

Hinweis:
Die Herzen können den Eltern beim großen Familienfest (ab S. 45) feierlich überreicht werden. Es wird umso feierlicher, wenn alle Kinder ihre Herzen der Reihe nach ihren Eltern übergeben.

Kopiervorlage „Herz“

Eine Familientasche für Mama und Papa (ab 3 Jahren)

Material:
Kopiervorlage „Menschen“ (s. u.), weiße Stofftaschen (eine pro Kind – diese können kostengünstig auch in größerer Anzahl im Internet bestellt werden), Stoffmalstifte oder Stoffmalfarben, Pinsel

Arbeitsanleitung:
Die Erzieherin kopiert die Vorlage „Menschen“ auf festes Papier, schneidet sie ohne den Rahmen aus und überträgt mit Hilfe dieser Schablonen die jeweilige Familie der Kinder auf die Stofftasche. Nun malen die Kinder ihre Familien bunt an. Natürlich kann jedes Kind seine Familie auch selbstständig, ohne Schablonen, auf die Tasche malen. Sind die Kinder mit dem Malen fertig, müssen die Taschen trocknen. Anschließend können sie als Geschenk für die Eltern mit nach Hause genommen werden.

Kopiervorlage „Menschen“

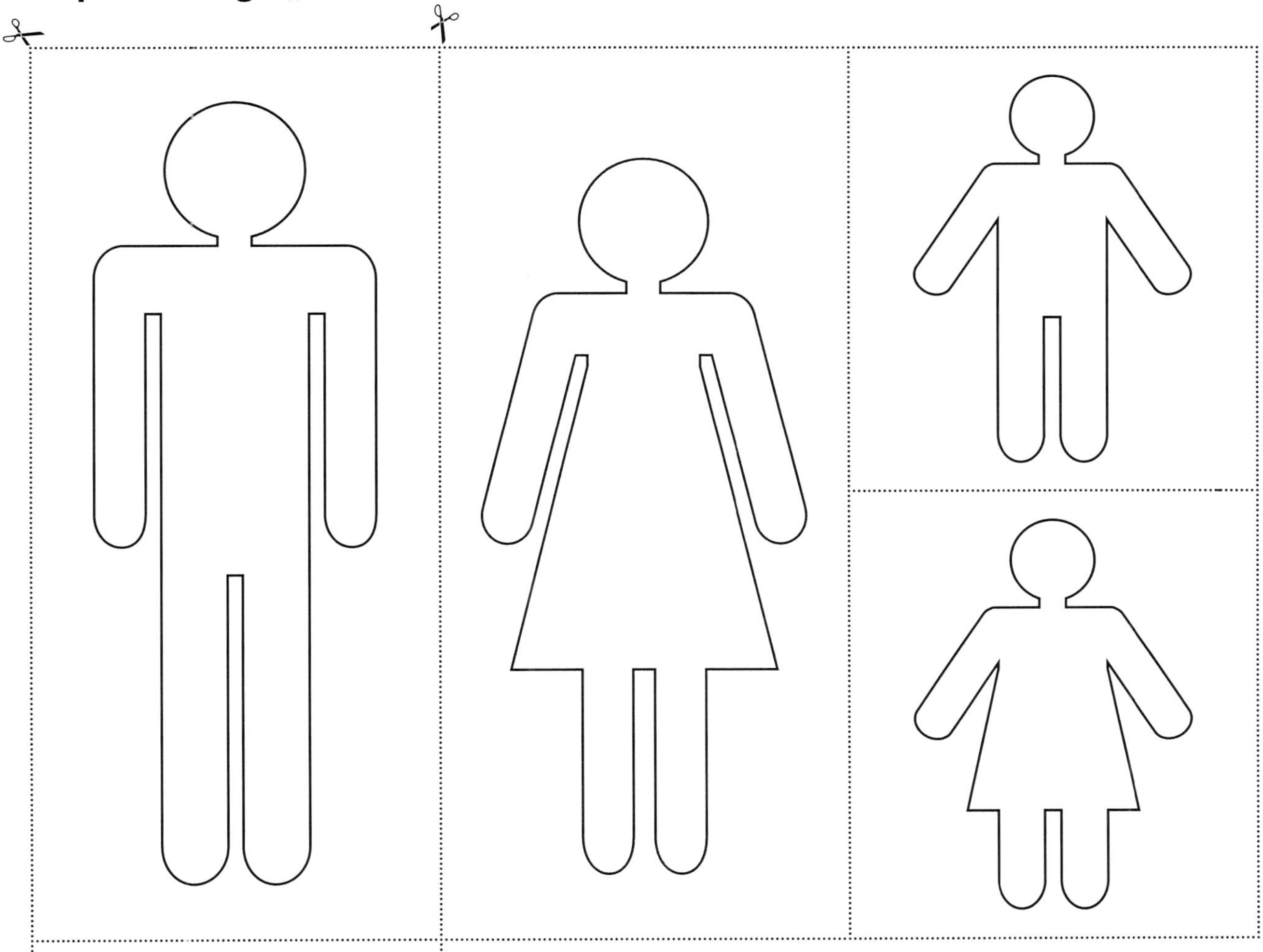

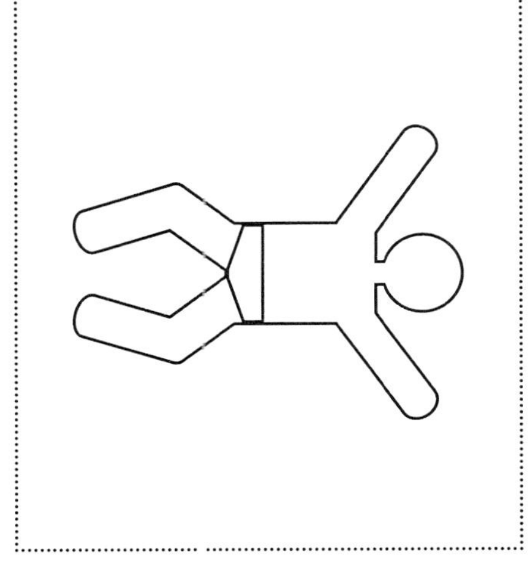

Mein Zuhause (ab 3 Jahren)

Material:
Kataloge, Zeitschriften, Möbelprospekte und sonstige Werbeprospekte, große Papierbögen (z. B. Tapetenrolle oder große Tonkarton-Bögen), Scheren, Kleber, Buntstifte, Wasserfarben, Pinsel, 1 Schnur, buntes Papier, ggf. Stoffreste

Vorbereitung:
In den Tagen vor diesem Projekt bringen Eltern und Erzieherinnen Kataloge, Zeitschriften und Möbelprospekte mit, aus denen die Kinder Möbel, Geschirr, Teppiche, Inneneinrichtungsgegenstände, Spielsachen, Tiere etc. ausschneiden können.

Arbeitsanleitung:
Die Kinder setzen sich an einen großen Mal- oder Basteltisch oder auch auf den Boden. Jedes Kind bekommt einen großen Bogen Papier. Darauf malt es den Umriss eines Hauses. (Denkbar ist auch ein Hochhaus, eine Wohnung, ein Baumhaus, ein Schloss … Auch die Häuser – sofern als Bilder vorhanden – könnten ausgeschnitten und aufgeklebt werden.) Alternativ können die Kinder sich auch „nur“ ein Kinderzimmer einrichten, dann malt die Erzieherin dem Kind einen großen „Kasten“, in den es die Dinge kleben kann, die in das Kinderzimmer sollen. Den Kleinen hilft die Erzieherin dabei.
Nun können die Kinder aus den Zeitschriften und Katalogen die Motive heraussuchen, die in ihrem Zuhause sein sollen. Dinge wie Teppiche oder Bilder lassen sich auch aus anderem bunten Papier kleben. Mit Hilfe der Erzieherin schneiden die Kinder die Bilder aus und kleben sie auf „ihr“ Haus oder Kinderzimmer oder auch in den Garten. Der Fantasie sind keine Grenzen gesetzt. Wer möchte, kann auch die geklebten Gegenstände und Tiere mit Buntstiften weiter verzieren und dem Haus so eine künstlerische Note geben. Schön ist es, wenn zum Beispiel der Himmel über dem Haus mit Wasserfarben blau gemalt wird.
Sind alle Häuser / Kinderzimmer fertig, werden sie im Gruppenraum an einer Schnur nebeneinander aufgehängt, sodass eine „Häuserreihe“ aus vielen bunten Häusern entsteht.

Variante:
Die Kinder können auch ihre Familie basteln: Dazu kopiert die Erzieherin die Kopiervorlage „Menschen“ (s. S. 27). Die Kinder schneiden ihre Familienmitglieder ohne den Rahmen aus und kleben sie auf Tonkarton. Dann können die Kinder aus Zeitschriften und Katalogen die Motive heraussuchen, die zu ihrer Familie passen, und ihre Familienmitglieder entsprechend mit Kleidung, Vorlieben etc. ausstatten. Sie können die Figuren auch ausmalen oder Stoffreste als Haare oder Kleidung aufkleben – der Fantasie der Kinder sind keine Grenzen gesetzt.

Das ist mein Tag! (ab 3 Jahren)

Material:
Kopiervorlage „Tagesablauf“ (s. u.), 1 Schere, Buntstifte, 1 Laminiergerät und -folie

Arbeitsanleitung:
Die Erzieherin kopiert die Kopiervorlage „Tagesablauf“ auf 200 % hoch und schneidet sie aus. Dann malt sie die Karten gemeinsam mit den Kindern aus. Zur besseren Haltbarkeit können die Karten anschließend laminiert werden.
Im Stuhlkreis wird eine Karte nach der anderen gezeigt und besprochen, dann verteilt die Erzieherin die Karten an die Kinder. Nun nennt die Erzieherin eine Station im Tagesablauf. Das Kind, das die jeweilige Karte in der Hand hält, meldet sich und legt seine Karte in die Mitte des Kreises. Nun können die Kinder sagen, ob es ihnen auch so geht wie dem Kind auf dem Bild oder ob sie zum Beispiel immer erst frühstücken und sich dann anziehen, ob sie zu Hause zu Mittag essen oder im Kindergarten, was sie am Nachmittag gern machen etc.

Wecker klingelt – auf die Toilette gehen – sich anziehen – frühstücken – Zähne putzen – Jacke anziehen – im Kindergarten spielen – Mittagessen – abgeholt werden – mit dem Hund Gassi gehen – mit Geschwistern spielen – Fußball spielen – Hände waschen – Abendbrot essen – Schlafanzug anziehen – schlafen gehen

Kopiervorlage „Tagesablauf“

Ich lege die Puppe schlafen (ab 3 Jahren)

Material:
Babypuppe aus der Gruppe oder von zu Hause, Puppenwindel, Puppenbett

Arbeitsanleitung:
Beispielsweise im Anschluss an die Mitmachgeschichte (ab S. 22) lässt sich mit dieser Übung der Umgang mit einem Baby ein wenig erproben. Die Kinder können im Stuhlkreis erzählen, was sie über den Umgang mit Babys wissen, was Babys schon können und was nicht. Dabei wird die Puppe herumgereicht und die Erzieherin zeigt den Kindern, wie man ein Baby hält. Dabei erzählt sie auch, dass der Kopf gestützt werden muss, dass man das Baby mit langsamen Bewegungen und am besten über die Seite ablegt oder aufnimmt, dass man es nicht anschreien darf und dass es Menschen direkt nach der Geburt in einer bestimmten Entfernung gar nicht scharf sieht. Es benötigt vor allem Nähe, Wärme und Nahrung. Die Kinder stellen fest: Das Baby ist vollkommen abhängig von Menschen, die es versorgen und seine Bedürfnisse befriedigen. Ohne fürsorgliche Menschen würde es ihm nicht gutgehen. Gemeinsam mit der Erzieherin wickeln die Kinder die Puppe und legen sie in das Puppenbettchen. Sie singen dem Baby gemeinsam ein Schlaflied vor (s. u.).

Guten Abend, gut Nacht

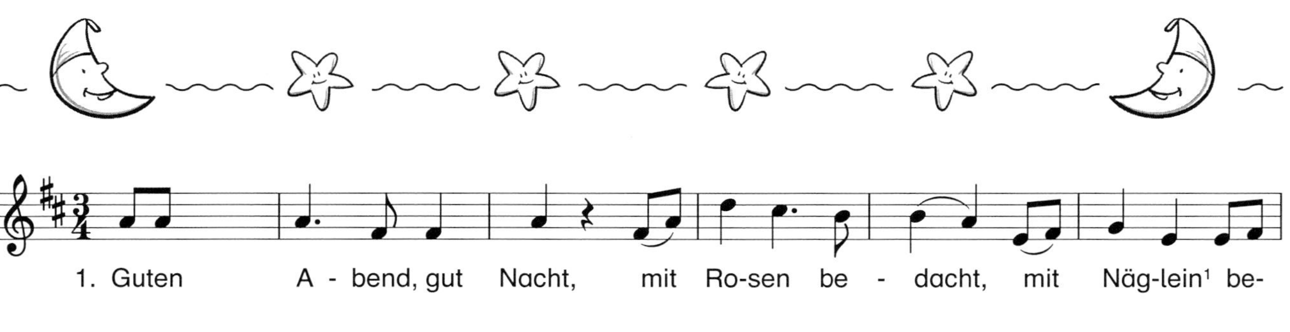

© Text: Volkslied
Melodie: traditionell nach Johannes Brahms

2. Guten Abend, gut Nacht,
von Englein bewacht,
die zeigen im Traum,
dir Christkindleins Baum.
Schlaf nun selig und süß,
schau im Traum 's Paradies,
schlaf nun selig und süß,
schau im Traum 's Paradies.

[1] „Näglein“ ist ein veraltetes, in bestimmten Regionen aber heute noch gebrauchter Begriff für „Nelken“.

Wir werden immer größer (ab 3 Jahren)

Material:
Kopiervorlage „Wir werden immer größer", (s. u.), Pappe in DIN A3 in beliebiger Farbe, 1 Schere, Kleber, Buntstifte

Vorbereitung:
Die Erzieherin kopiert die Kopiervorlage „Wir werden immer größer", schneidet sie aus und malt sie an. Die Bilder werden in die Mitte des Stuhlkreises gelegt.

Arbeitsanleitung:
Die Kinder sortieren gemeinsam mit der Erzieherin alle Bilder in die richtige Reihenfolge – was war zuerst, was passiert dann? Dann malen die Kinder gemeinsam mit der Erzieherin die Bilder an.
Anschließend schneidet die Erzieherin von der langen Seite der Pappe einen Streifen ab, der so breit ist wie die Bilder hoch sind. Dann klebt sie die Bilder in der richtigen Reihenfolge auf den Streifen. Nach jedem Bild wird die Pappe einmal geknickt (einmal nach vorn und einmal nach hinten), sodass ein Leporello entsteht. Das Leporello kann so im Gruppenraum aufgestellt werden, dass es sowohl für die Kinder während des Projektes als auch für die Eltern zu einem späteren Zeitpunkt gut sichtbar ist und immer wieder angesehen und benutzt werden kann.

Tipp:
Die Bilder lassen sich gut mit dem Bewegungslied „Wir wachsen jeden Tag" (s. S. 57) kombinieren.

Kopiervorlage „Wir werden immer größer"

bitte hochkopieren

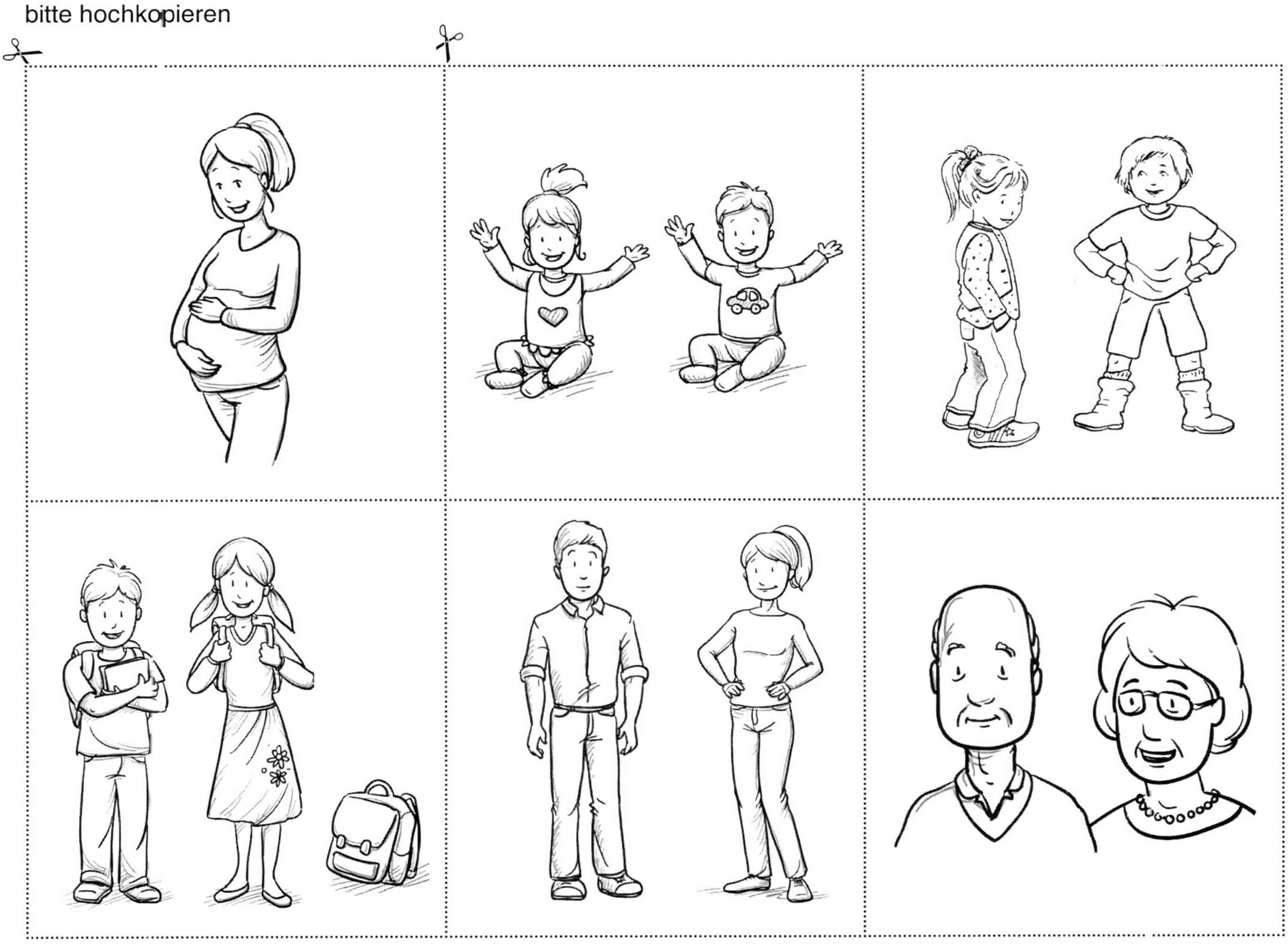

Familienformen (ab 3 Jahren)

Material:
Kopiervorlage „Familienformen“ (s. u. und S. 33), 1 Schere, Buntstifte

Vorbereitung:
Die Erzieherin kopiert die Kopiervorlage „Familienformen“ und schneidet die Bilder aus.

Arbeitsanleitung:
Zunächst erzählen die Kinder, wer alles zu ihrer Familie gehört. Gemeinsam mit der Erzieherin wählen die Kinder dann „ihre“ Familienform aus. Sollte genau die Form, in der die Kinder leben, nicht dabei sein (fehlt zum Beispiel ein Geschwisterkind), dann kann die fehlende Person hinzugezeichnet werden. Die Kinder können erzählen, wie es bei ihnen zu Hause ist. Es wäre schön, wenn die Kinder nach dieser Einheit zu dem Schluss kommen, dass jede Familie anders, aber dennoch eine Familie und wertvoll ist. Dann malen die Kinder ihr Familienbild aus und dürfen es mit nach Hause nehmen oder im Gruppenraum aufhängen.

Kopiervorlage „Familienformen“ (1)

Bei Bedarf bitte hochkopieren.

Kopiervorlage „Familienformen“ (2)

Mein Familienkochbuch (ab 3 Jahren)

Material:
Rezepte, die die Kinder von zu Hause mitbringen, Rezepte aus dieser Mappe (s. u. und S. 35), Tonpapier in unterschiedlichen Farben, Buntstifte, Malkittel, 1 Schere, 1 Heftstreifen für jedes Kind, 1 Locher, 1 Laminiergerät und -folie, ggf. weißes Papier in DIN A4

Arbeitsanleitung:
1. Die Erzieherin kopiert die mitgebrachten Rezepte jeweils für alle Kinder.
2. Jedes Kind sucht sich ein Tonpapier aus, aus dem der Umschlag des Kochbuchs gestaltet wird.
3. Die Erzieherin schneidet das Tonpapier so aus, dass es etwa die Größe von zwei DIN-A4-Seiten hat – am besten noch etwas größer, damit die kopierten Seiten später nicht aus dem Kochbuch hervorschauen.
4. Nun können die Kinder den Umschlag des Kochbuchs gestalten.
5. Anschließend laminiert die Erzieherin den Umschlag, knickt ihn in der Mitte und locht diesen sowie die mitgebrachten Rezepte.
6. Alles zusammen kann nun auf einen Heftstreifen geheftet werden. Es können zusätzliche weiße DIN-A4-Seiten eingeheftet werden, auf die die Kinder die jeweiligen Gerichte malen können.

Fertig ist das Familienkochbuch! Die Kinder können ihr Kochbuch später mit nach Hause nehmen.

Tipp:
In einigen Kindertagesstätten ist aus dieser Idee ein Kochbuch entstanden, das zugunsten des Fördervereins oder einer anderen Spendenaktion für einen kleinen Preis zum Verkauf im Kindergarten angeboten wurde.

Familienstarke Bananenmilch (ab 2 Jahren)

Zutaten (für ca. 5 Personen):
1 l Milch, 2 Bananen, 5 EL Haferflocken, 1 EL Zitronensaft

Arbeitsmittel:
1 hohes Gefäß zum Pürieren, 1 Pürierstab, 1 Messer, 1 Zitronenpresse, 2 Esslöffel, Gläser für alle Kinder, ggf. Strohhalme

Zubereitung:
Gemeinsam mit den Kindern bereitet die Erzieherin die Zutaten vor: Die Bananen werden gemeinsam abgezählt, geschält und in ein Gefäß gegeben, in dem alle Zutaten später püriert werden können. Dann schneidet die Erzieherin die Zitrone in der Mitte durch und lässt sie von einem Kind auspressen. Nun kommt eine Aufgabe für die Kinder, die schon bis 5 zählen können: 5 Esslöffel Haferflocken kommen in das Gefäß. Alle Kinder zählen laut mit. Zum Schluss gibt die Erzieherin die Milch hinzu und mixt mit dem Pürierstab alles gut durch.

Guten Appetit!

Hinweis:
Das Rezept kopiert die Erzieherin so oft, wie Kinder in der Gruppe sind, und gibt es ihnen für das Familienkochbuch.

BVK • Mareike Brombacher: Kita aktiv „Projektmappe Familie“

Alles auf eine: Die leckere Familienpizza (ab 2 Jahren)

Zutaten für den Teig (für 1 Blech):
500 g Mehl, 250 ml lauwarmes Wasser, 10 g Hefe (oder ein Päckchen Trockenhefe), $^1/_2$ TL Salz, $^1/_2$ TL Zucker, 3 EL Olivenöl

Für den Belag:
pro Blech ca. 250 g passierte Tomaten, $^1/_2$ TL Salz, $^1/_2$ TL Zucker, 1 TL Oregano (oder italienische Kräutermischung), ca. 200 g geriebener Käse, Belag nach Wunsch, zum Beispiel: Pilze, Mais, Salami, Kochschinken, Ananas, Zwiebeln, bunte Paprika …

Arbeitsmittel:
1 große Schüssel, 1 Rührlöffel, ggf. 1 Handrührgerät mit Knethaken, Backofen, 1 Blech, Backpapier, 1 Messer, 1 Teelöffel, 1 Esslöffel, Schürzen für alle, 1 Käsereibe, 1 Nudelholz, Schneidebretter, mehrere kleine Schüsseln

Zubereitung:
1. Die Hefe wird in einer großen Schüssel zerbröselt und mit lauwarmem Wasser verrührt, bis sie sich aufgelöst hat.
2. Dann werden Mehl, Salz und Zucker hinzugefügt.
3. Nun können die Kinder loskneten, denn alle Zutaten müssen gleichmäßig zu einem Teig verabeitet werden. Alternativ können auch die Knethaken eines Handrührgeräts verwendet werden, aber für die Kinder ist es eine schöne Erfahrung, mit den eigenen Händen einen Teig zu kneten.
4. Ist der Teig fertig geknetet (je nach Konsistenz kann ein wenig Wasser oder Mehl hinzugefügt werden), muss er gehen: Mindestens eine Stunde lang sollte der Teig an einem warmen Ort, zum Beispiel auf einer Heizung, stehen und das Doppelte seiner Größe erreichen.
5. Während der Teig geht, können die Kinder gemeinsam mit der Erzieherin planen, womit sie ihre Pizza belegen möchten. Der Belag muss klein geschnitten und bereitgestellt werden. Die passierten Tomaten werden mit Salz, Zucker und Oregano verrührt.
6. Frühestens nach einer Stunde (besser sind zwei) wird der Teig noch einmal gut durchgeknetet und dann auf einer Arbeitsfläche, die mit Mehl bestäubt ist, ausgerollt.
7. Die Erzieherin legt das Backpapier auf das Backblech und träufelt das Olivenöl darauf. Nun kann der Pizzateig auf das Blech gelegt werden.
8. Die Erzieherin verteilt die Tomatensoße mit einem Löffel auf der Pizza, dann zieht sie mit dem Löffel Linien, sodass die Kinder die Grenzen zum nächsten Stück erkennen können und wissen, bis wohin sie ihr Stück belegen dürfen.
9. Die Kinder belegen ihre Pizza nach ihren eigenen Vorstellungen.
10. Zum Schluss wird der Käse darübergestreut und die Pizza kommt bei 190 °C für etwa 10 – 15 Minuten in den vorgeheizten Backofen.

Tipp:
Bevor die Pizza belegt wird, können die Kinder das Gemüse, den Käse etc. deutlich benennen und so ihren Wortschatz erweitern bzw. festigen. Wenn noch Zeit ist, können die Kinder ein Bild von ihrem Pizzastück malen. Die Erzieherin kopiert das Rezept für alle Kinder, damit sie es in das Familienkochbuch aufnehmen können.

Bilder-Kopiervorlage von Zutaten und Haushaltsgegenständen

Familienstarke Bananenmilch

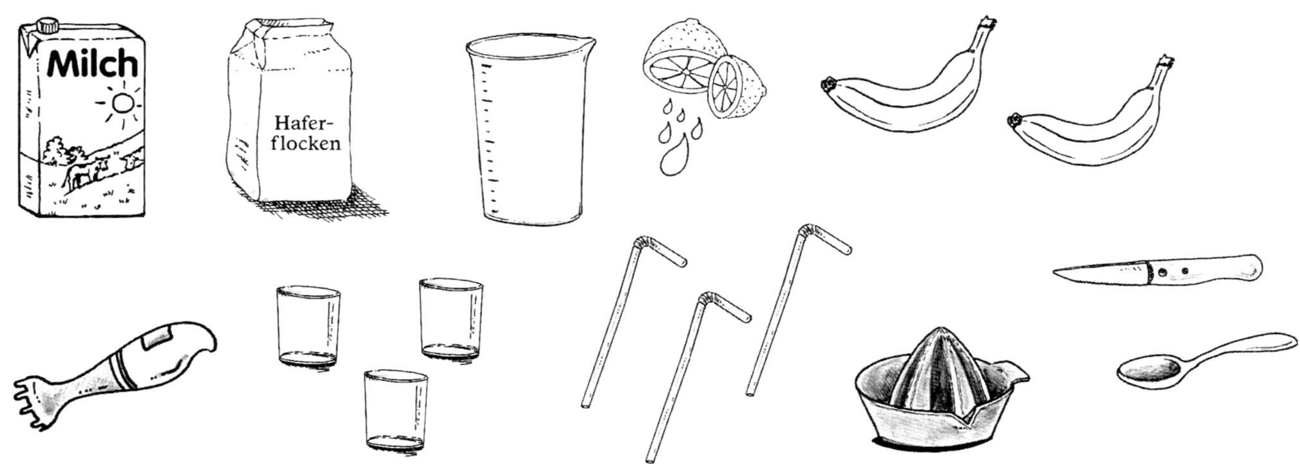

Alles auf eine: Die leckere Familienpizza

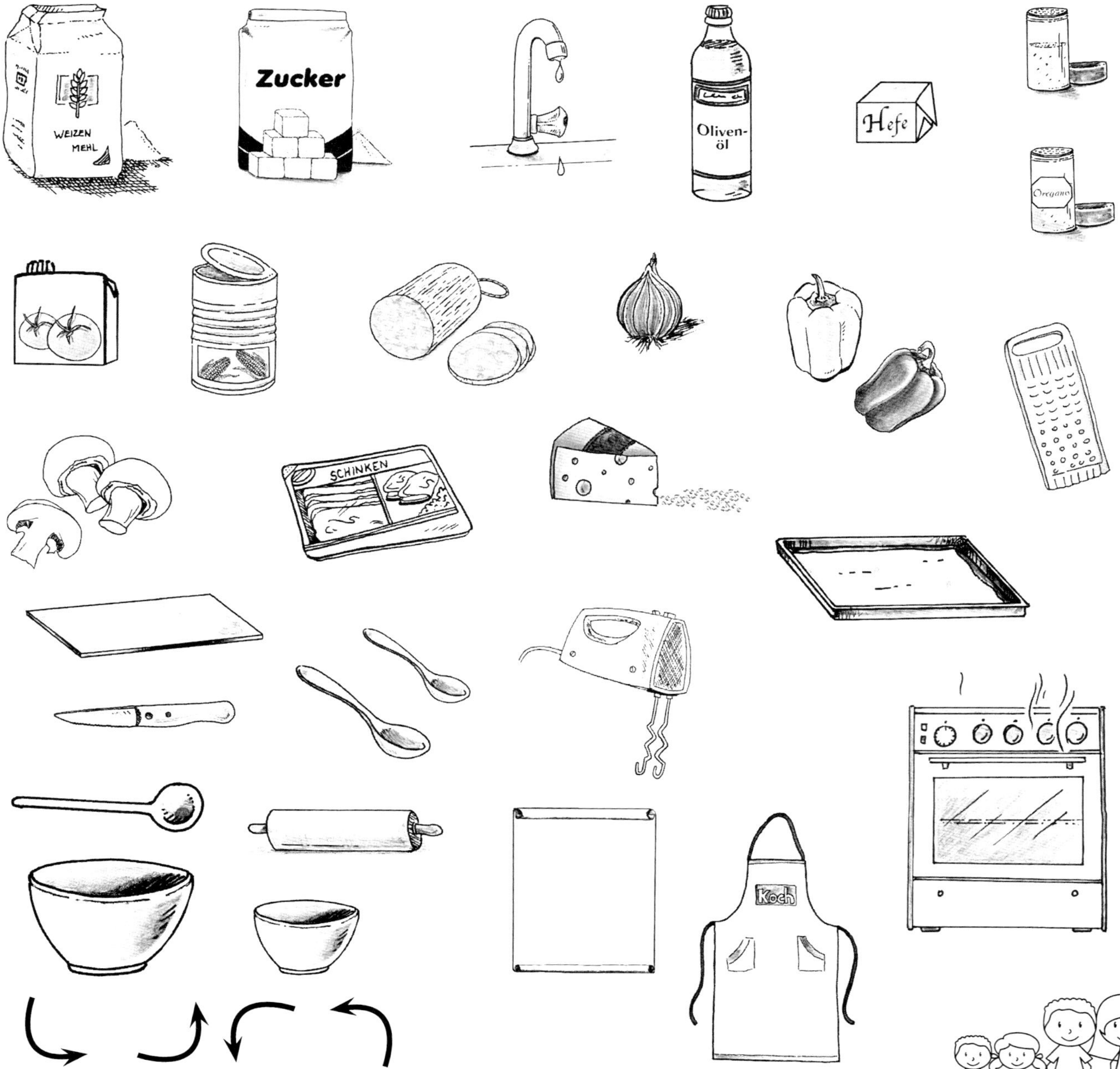

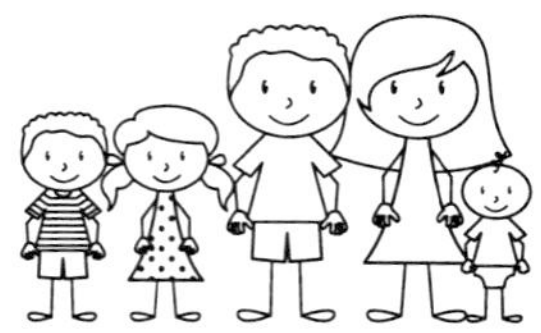

Das sind meine Geschwister! (ab 3 Jahren)

Material:
Kopiervorlage „Das sind meine Geschwister!“ (s. u.), Moosgummi / Tonpapier in verschiedenen Farben, 1 Schere, Sitzkissen für alle Kinder

Arbeitsanleitung:

1. Zur Vorbereitung kopiert die Erzieherin die Kopiervorlage „Das sind meine Geschwister!“ mehrfach, klebt sie auf Moosgummi oder Tonpapier, schneidet sie aus und erstellt so zahlreiche Geschwisterfiguren. Dazu sollte vorher anhand der Geschwisterzahlen der Kinder überlegt werden, wie viele und welche Figuren notwendig sind.
2. Die Kinder setzen sich auf ihre Sitzkissen in einen Kreis. Die Erzieherin hält die Geschwisterfiguren bereit.
3. Jedes Kind zählt nun reihum seine Geschwister auf. Für jedes Geschwisterkind bekommt es von der Erzieherin eine Figur. Ist beispielsweise ein Baby unter seinen Geschwistern, dann erhält das Kind die Babyfigur. Die Figuren legt es vor sich auf den Boden. Dann ist das nächste Kind an der Reihe.
4. Die Kinder, die keine Geschwister haben, dürfen anschließend als Erstes die „Zähler“ sein. Sie gehen einmal im Kreis herum und zählen dabei mit Hilfe der Erzieherin alle Geschwister.
5. Es ergeben sich zahlreiche Zählaufgaben, die den Kindern Spaß machen:
   - Wie viele Geschwisterkinder haben wir insgesamt in unserer Gruppe?
   - Wie viele Babys haben wir insgesamt in unserer Gruppe?
   - Wie viele Mädchen sind unter den Geschwistern, wie viele Jungen?

Gesprächsanregungen:

- Die Kinder, die (noch) keine Geschwister haben, können berichten, ob und welche Geschwister sie gern hätten.
- Die anderen Kinder können erzählen, ob sie gern Geschwister haben oder nicht und ob sie gern noch weitere Geschwister hätten.
- Anhand der Figuren kann die Erzieherin anschließend mit den Kindern über ihre Geschwister sprechen. Dabei lässt sich zum Beispiel herausfinden, wer das größte / kleinste / älteste / jüngste Geschwisterkind hat, ob alle Kinder in einem Zimmer schlafen, ob man sich häufig streitet oder nicht, ob man seine Spielsachen miteinander teilt und warum / warum nicht etc.

Kopiervorlage „Das sind meine Geschwister!“

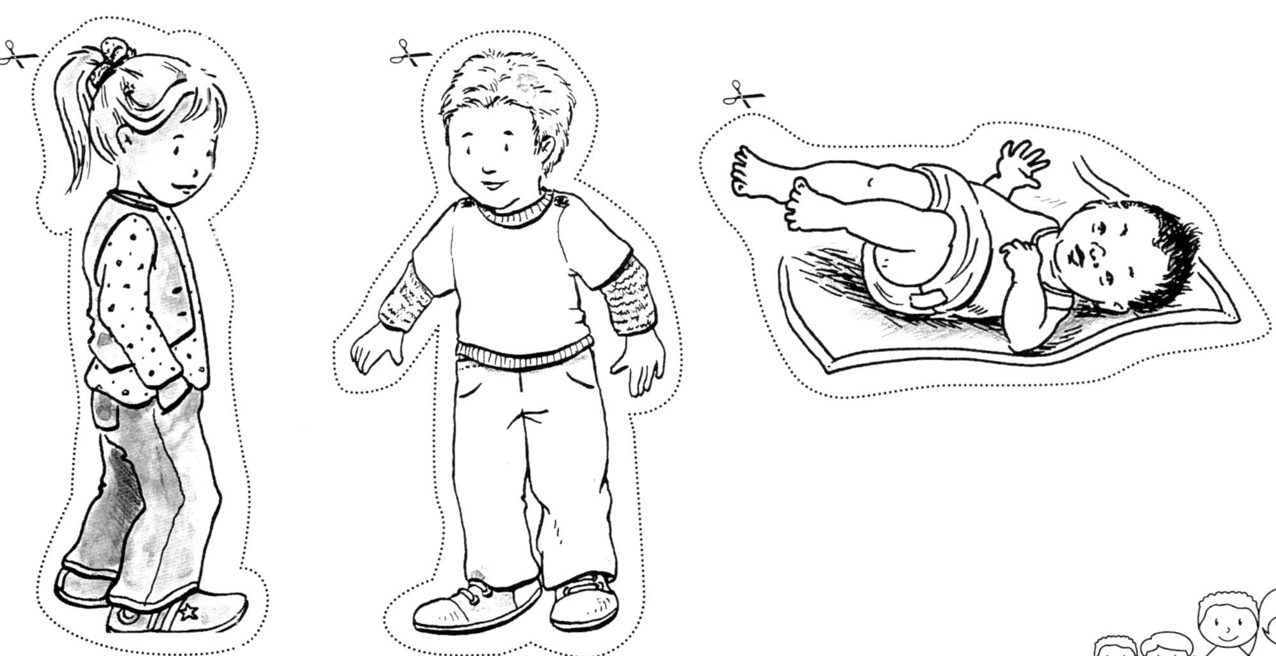

Bei Bedarf bitte hochkopieren.

Welcher Schlüssel passt? (ab 3 Jahren)

Deine Eltern haben so viele Schlüssel am Schlüsselbund – doch welcher passt zu eurer Haustür?

Verbinde die richtigen Bilder und finde heraus, wie du in dein Zuhause kommst!

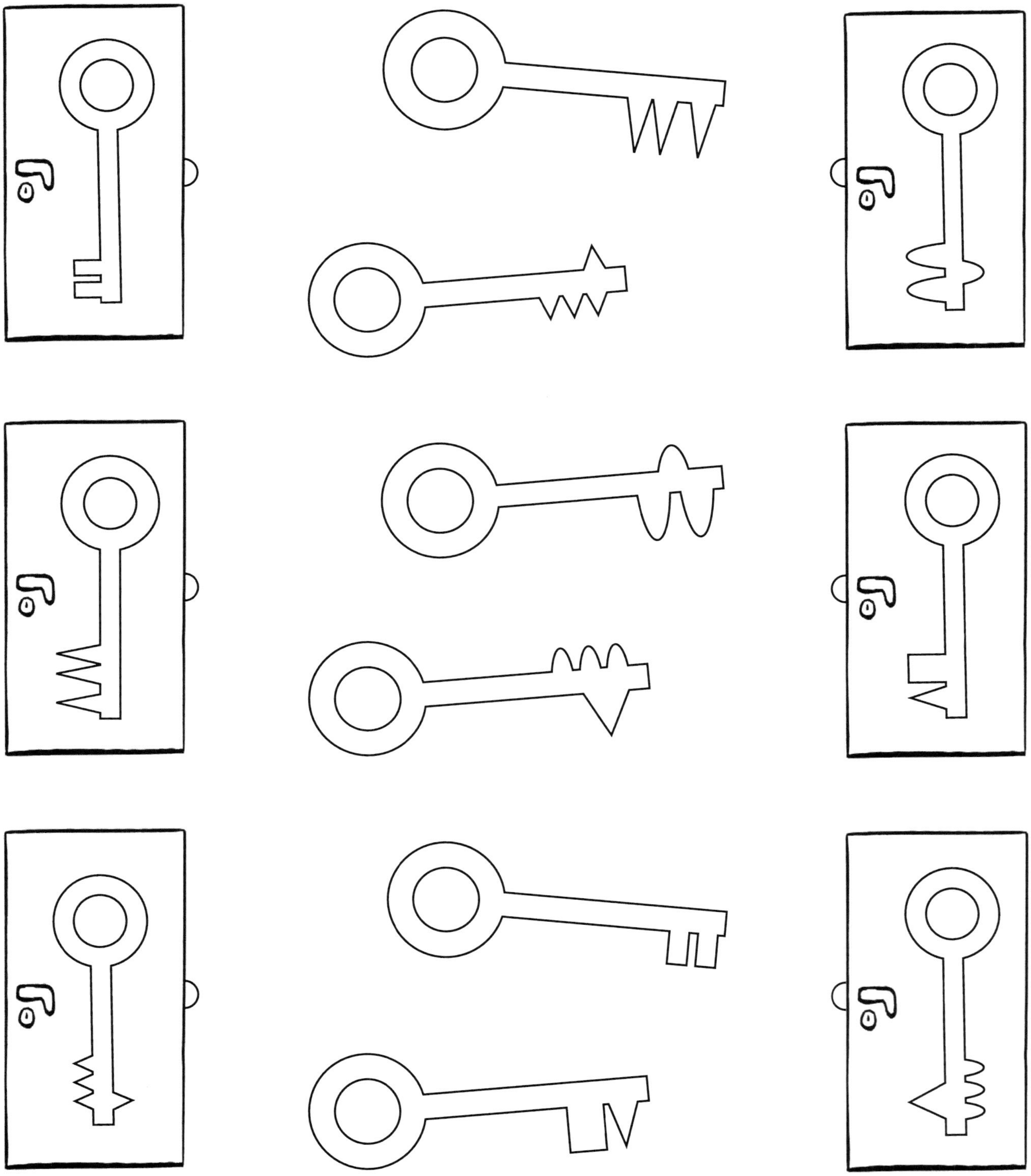

Wie viele Mitglieder haben die Familien? (ab 4 Jahren)

Zähle und schreibe die Zahl in das Kästchen unter jedem Bild.
Du kannst auch so viele Punkte malen, wie die Familie Mitglieder hat.

Finde die Omas! Finde die Opas! (ab 3 Jahren)

Zähle die Omas und Opas. ✏ Schreibe die Zahlen unten in die Kästchen.
Du kannst auch so viele Punkte 🖌 malen, wie du Omas und Opas siehst.

Opas

Omas

BVK • Mareike Brombacher: Kita aktiv „Projektmappe Familie“

Familienfeste (ab 3 Jahren)

Material:
Kopiervorlage „Familienfeste“ (s. u. und S. 42), 1 Schere, Buntstifte, 1 Laminiergerät und -folie

Vorbereitung:
Die Erzieherin kopiert die Vorlage „Familienfeste“, schneidet die Motivkarten aus, malt sie an und laminiert sie zur besseren Haltbarkeit.

Arbeitsanleitung:
In Familien werden viele verschiedene Feste gefeiert. Einige davon sollen den Kindern hier vorgestellt werden: Geburtstag, Weihnachten, Hochzeit, Ostern, Taufe, Einschulung und das Zuckerfest. Dazu bilden die Kinder einen Stuhlkreis. In der Mitte liegen die Motivkarten. Nun nennt die Erzieherin ein Fest, für das die Kinder die Karten heraussuchen sollen, zum Beispiel fragt sie: „Was gehört alles zum Geburtstag?“ Die Kinder suchen aus den Karten die drei richtigen heraus und legen sie gut sichtbar untereinander oder nebeneinander. Dann kommt der nächste Begriff, zum Beispiel Weihnachten. Können die Kinder es begründen, sind natürlich auch mehrere Karten bei verschiedenen Festen denkbar. Die Kerze beispielsweise gehört für einige Kinder bestimmt nicht nur zum Geburtstag, sondern auch zu Weihnachten. Die Kinder können erzählen, zu welchen weiteren Festen die Motive auch passen könnten. Anschließend können die Kinder von weiteren Festen erzählen, die sie kennen oder die sie in ihren Familien feiern. Informationen zum Ramadan finden Sie auf der Seite 4.

Kopiervorlage „Familienfeste“ (1)

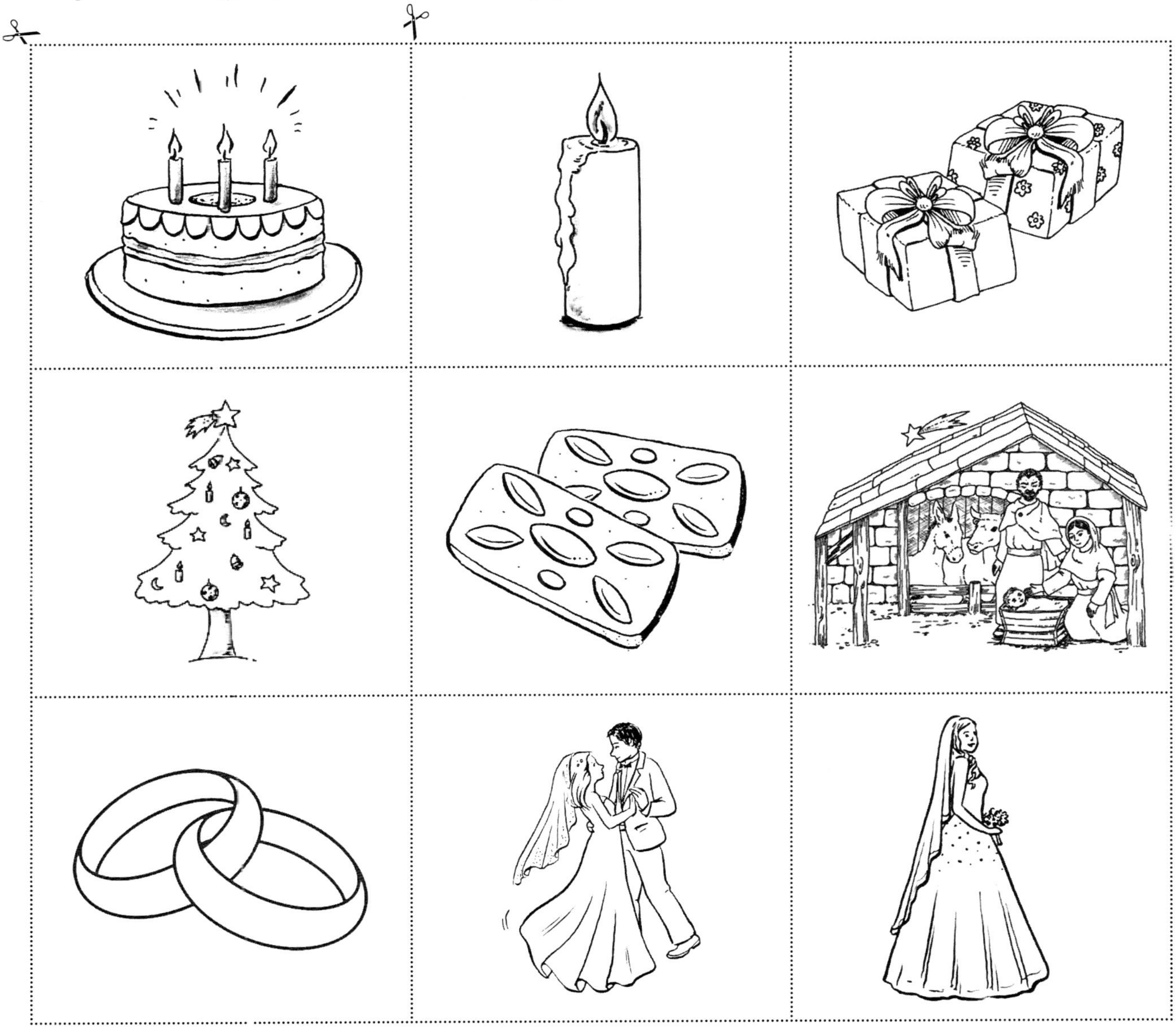

Kopiervorlage „Familienfeste“ (2)

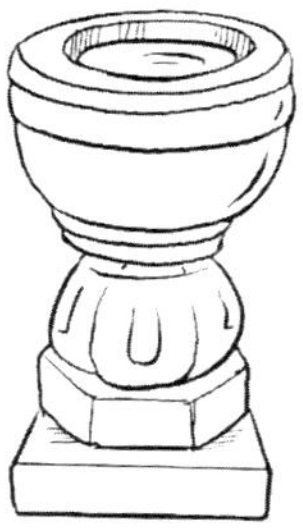

Andere Länder, andere Sitten: Geburtstag feiern in China, in den Niederlanden und in der Türkei / in Syrien (1) (ab 3 Jahren)

Material:
3 rote Umschläge, Spielgeld oder selbst gebastelte „Geldscheine“, helle Wollfäden als „lange Nudeln“ auf einem tiefen Teller, Torte (entweder aus der Puppenküche oder aufgemalt und ausgeschnitten), Getränke (z. B. aus der Puppenküche), Salzbrezeln (als Häppchen), 3 Papierblumen (oder echte Blumen, wenn vorhanden), als Geschenk verpacktes Spielzeug aus der Gruppe (3 x), Süßigkeiten für Mohammeds Geburtstag, Kerzen

Arbeitsanleitung:
Im Stuhlkreis bespricht die Erzieherin mit den Kindern, wie sie in ihren Familien Geburtstag feiern. Das kann schon innerhalb von Deutschland sehr unterschiedlich sein. Auch in anderen Ländern ist das Feiern des Geburtstags häufig von Familie zu Familie unterschiedlich, denn jede Familie hat eigene Traditionen und Gewohnheiten. Einige Gemeinsamkeiten sind dennoch vorhanden.

Anregungen für den Gesprächskreis:
- Gibt es an eurem Geburtstag ein Geburtstagslied?
- Wie werdet ihr am Geburtstagsmorgen geweckt?
- Wann gibt es Geschenke?
- Wann ladet ihr Verwandte und wann Freunde ein? Oder sind alle gleichzeitig eingeladen?
- Dürft ihr an eurem Geburtstag länger aufbleiben?
- Gibt es einen Geburtstagskuchen oder ein Geburtstagslieblingsessen?
- Gibt es Kerzen, die ihr auspusten dürft? Wünscht ihr euch dann etwas?
- Habt ihr vorher einen Wunschzettel mit euren Geburtstagswünschen geschrieben oder gemalt?

Dann erzählt die Erzieherin, dass die Gruppe nun kennenlernt, wie in anderen Ländern oft Geburtstag gefeiert wird. Dies soll nachgespielt werden.

China

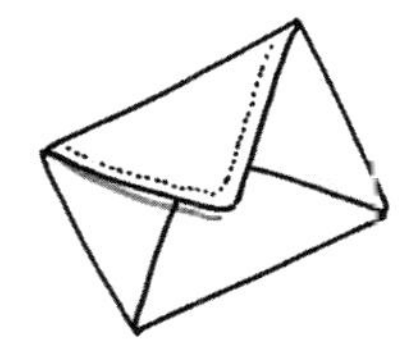

In China gibt es zum Geburtstag lange Geburtstagsnudeln. Weil sie so lang sind, sollen sie ein langes Leben bringen und außerdem Glück und Gesundheit. Der Geburtstag ist aber in China gar nicht so wichtig, normalerweise lädt niemand zu einer Party ein. Weil die Chinesen einen anderen Kalender haben als wir, verschiebt sich ihr Geburtstag jedes Jahr auf einen anderen Tag, sodass es kein festes Datum gibt wie bei uns.
Wenn in China ein Kind zur Welt kommt, also an seinem „echten“ Geburtstag, gibt es einen Monat lang eine Geburtstagsparty mit Freunden und Verwandten der Familie. Dann gibt es ganz lange keine Geburtstagsfeier mehr. Erst den 60. Geburtstag, wenn viele Menschen schon Oma oder Opa sind, feiern die Chinesen wieder. Dieser Geburtstag wird ganz groß gefeiert. Das beliebteste Geschenk der Chinesen ist der „Hong Bao“, ein roter Umschlag, der mit Geld gefüllt ist. Am Geburtstag gratuliert man dem Geburtstagskind mit „Shéngri kuàilè“ (Aussprache: Schangri queile).

Spielanleitung:
Drei Kinder gehen aus dem Raum. Sie sind die Geburtstagskinder. Wenn sie hereingerufen werden, begrüßt die Kindergruppe sie mit „Shéngri kuàilè“. Die drei Kinder setzen sich zu den anderen, bekommen die Geburtstagsnudeln überreicht und erhalten einen roten Umschlag mit Spielgeld.

BVK • Mareike Brombacher: Kita aktiv „Projektmappe Familie“

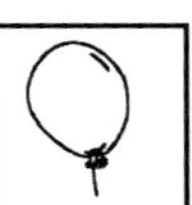

Andere Länder, andere Sitten: Geburtstag feiern in China, in den Niederlanden und in der Türkei / in Syrien (2) (ab 3 Jahren)

Niederlande

In den Niederlanden beginnen die Geburtstagsfeierlichkeiten erst abends. Ab 20 Uhr können Freunde und Verwandte vorbeikommen. Sie sind nicht extra eingeladen, sondern kommen einfach vorbei. Jeder muss ein Geschenk mitbringen – und Blumen. Zunächst wird Kaffee getrunken und Torte gegessen. Dann gibt es Limonade und kleine Häppchen dazu. Der Geburtstagsgruß lautet „Gefeliciteerd" (Aussprache: chefelißitert). Man gratuliert aber nicht nur dem Geburtstagskind, sondern auch den Verwandten und Freunden. Manchmal legen die Niederländer ihren Geburtstag auch vor: Hat man beispielsweise an einem Montag Geburtstag, kommen die Gäste am Samstag zuvor, wenn dieser Termin besser passt. Auch die Geschenke dürfen dann schon ausgepackt werden.

Spielanleitung:
Drei Kinder bleiben im Stuhlkreis sitzen, die anderen gehen aus dem Raum. Wenn sie wieder hereinkommen, begrüßen sie die drei Kinder wie Geburtstagskinder in den Niederlanden: Alle rufen „Gefeliciteerd". Dann setzen sich die Gäste in den Stuhlkreis, überreichen die Geschenke und bekommen von den Geburtstagskindern Torte, Getränke und kleine Häppchen (Salzbrezeln) serviert.

Türkei / Syrien

In islamisch geprägten Gegenden wie in Syrien oder in der Türkei feiern viele Menschen ihren Geburtstag oft nicht. Nur der Geburtstag von Mohammed wird gefeiert, aber nicht überall in der islamischen Welt. Für einige Glaubensrichtungen im Islam ist diese Feier umstritten, weil Mohammed seinen Geburtstag selbst nicht gefeiert hat. So kann es vorkommen, dass Kinder aus Syrien oder aus dem Irak zwar Geburtstag haben, aber überrascht sind, wenn sie ein Geschenk bekommen. Planen die Erzieherinnen ein Geschenk oder Ähnliches, sollte dies zuvor mit den Eltern des Geburtstagskindes besprochen werden. So können sie in Erfahrung bringen, ob das Kind sich über die Aufmerksamkeit freut. Dann kann gemeinsam eine Entscheidung getroffen werden. Wenn der Geburtstag von Mohammed gefeiert wird, wird das eine sehr große Feier. „Maulid an-Nabī" heißt dieses Fest. In der Türkei wird es „Mevlid kandili" genannt und mit Feuerwerken und Fackelzügen, Süßigkeiten und Mahlzeiten für Arme begangen. Kinder verlesen Verse zu Ehren Mohammeds und in den Moscheen leuchten zahlreiche Kerzen und Lichter. Die Geistlichen in den Moscheen sprechen Gebete und Verse zur Erinnerung an den Propheten.

Spielanleitung:
Den Geburtstag von Mohammed können die Kinder bei einer gemeinsamen Übung erleben: Dieses Mal können nicht nur einzelne Kinder bzw. Dreiergruppen erfahren, wie es ist, Geburtstag zu haben, sondern es wird gemeinsam Mohammeds Geburtstag gefeiert: Alle Kinder verlassen zusammen mit einer Erzieherin den Raum. Während sie draußen sind, zünden die anderen Erzieherinnen Kerzen an und bereiten Süßigkeiten für jedes Kind vor. Dabei achten sie darauf, dass die Kerzen nicht in Reichweite der Kinder stehen. Dann dürfen die Kinder hereinkommen und sich über die Geburt von Mohammed freuen: Sie bekommen Süßigkeiten und genießen die festliche Atmosphäre mit den Kerzen. Dann erzählt die Erzieherin, dass Mohammed im Jahr 570 auf die Welt gekommen ist. Sein Geburtsort ist Mekka – deshalb pilgern viele Muslime regelmäßig dorthin. Ein Dichter aus der damaligen Zeit hat berichtet, dass bei Mohammeds Geburt die ganze Welt in Licht getaucht gewesen sei. Deshalb haben auch wir hier so viele Kerzen angezündet.

Hinweis:
Gibt es Kinder mit islamischer Religionszugehörigkeit in der Gruppe, können sie berichten, ob und wenn ja, wie sie ihren Geburtstag feiern. Sie können auch von dem Fest „Maulid an-Nabī" berichten, sofern dieses in ihrer Familie gefeiert wird.

Kopiervorlage „Familienfest – Brief an die Eltern“

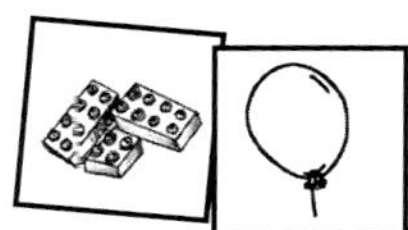

Liebe Familien,

wir möchten Sie gern zum Abschluss unseres Projektes „Familie“ zu einem großen Familienfest einladen. Auf diesem Fest wollen wir gemeinsam kochen, basteln und spielen. Wenn Sie eine Station betreuen möchten, dann melden Sie sich gern bei den Erzieherinnen Ihrer Kindergartengruppe.

Wir und die Kinder freuen uns am ____________________

um ____________________ Uhr auf Sie.

Bitte geben Sie diese Einladung auch an weitere Verwandte der Kinder weiter. Vielen Dank.

Viele Grüße

Ihre Erzieherinnen der ____________________-Gruppe

Stationenkarte für das große Familienfest

- [ ] Drei-Beine-Lauf
- [ ] Luftballon-Lauf
- [ ] Ich kann dich führen
- [ ] Eierlauf
- [ ] Unsere Hände

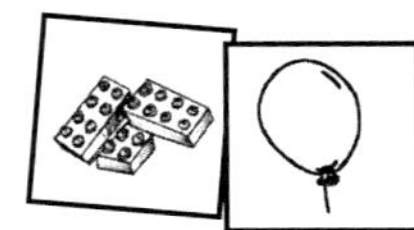

Ein großes Familienfest im Kindergarten (1) (ab 2 Jahren)

Programm:
- gemeinsam Bananenmilch herstellen
- Ausstellung der Kinder-Familienalben und anderer Basteleien
- Übergabe der Herzen an die Eltern
- Eltern-Kind-Spiele

Drei-Beine-Lauf

Material:
1 Tisch, 1 Stuhl, 1 Seil oder Tuch, um die Beine zusammenzubinden

Vorbereitung:
Die Erzieherinnen bauen mit dem Tisch einen Stand auf, der den Startpunkt des Drei-Beine-Laufs anzeigt. Mit einem Stuhl wird einige Meter entfernt das Ende der Strecke markiert.

Spielanleitung:
Bei dem Drei-Beine-Lauf ist immer ein Elternteil mit einem Kind Bein an Bein festgebunden. So versucht man, eine abgesteckte Strecke gemeinsam zu gehen. Die Erzieherinnen helfen dem Eltern-Kind-Paar dabei, die Beine locker (!) aneinanderzubinden. Sie geben den Startschuss: „Auf die Plätze, fertig, los!" Dann läuft das Paar gemeinsam vom Tisch bis zum Ende der Strecke.

Luftballon-Lauf

Material:
Kordeln, ca. 8 aufgeblasene Luftballons, 1 umgedrehter kleiner Kasten oder 1 Klappkiste zur Aufbewahrung der Ballons, Stühle oder große Polster für den Parcours, 1 Tisch, kleine Süßigkeiten

Vorbereitung:
Die Erzieherinnen bauen mit dem Tisch einen Stand auf. Hier liegen die Luftballons in einer Box neben dem Tisch bereit. Hinter diesem Tisch wird ein kleiner Parcours aus Kisten, Polstern oder auch Stühlen aufgebaut, durch den Eltern-Kind-Paare einen Slalom laufen sollen.

Spielanleitung:
Ein Elternteil und ein Kind bilden ein Team. Das Elternteil klemmt zwischen sich und das Kind einen Luftballon. Die Erzieherinnen helfen dem Eltern-Kind-Paar dabei. Nun wird es schwierig: Das Paar soll den Parcours durchlaufen. Die Herausforderung liegt darin, den ganzen Parcours mit Kurven und Geräten zu absolvieren, ohne den Luftballon fallen zu lassen oder ihn mit den Händen zu berühren. Am Ende des Parcours gibt es eine Süßigkeit.

Ein großes Familienfest im Kindergarten (2) (ab 2 Jahren)

Ich kann dich führen

Material:
Augenbinden, kleine Hindernisse wie zum Beispiel umgedrehte Eimer, Eierkartons, Schuhkartons, Plastikschüsseln

Vorbereitung:
Die Erzieherinnen legen einen kurzen Parcours fest, auf dem sie die Hindernisse in etwa zwei Meter Abstand zueinander verteilen.

Spielanleitung:
Jeweils ein Elternteil und ein Kind bilden ein Zweierpaar. Nun wird zunächst dem Elternteil die Augenbinde angelegt, sodass es nichts mehr sehen kann. Das Kind führt seine Mutter bzw. seinen Vater durch den Parcours, indem es sie bzw. ihn an die Hand nimmt, um die Hindernisse herumführt und davor warnt. Ist das Ende des Parcours erreicht, werden die Rollen getauscht: Nun bekommt das Kind die Augenbinde umgelegt und wird von seinem Elternteil geführt. Auf diese Weise wird gezeigt: Wir können einander vertrauen. Wir sind füreinander da und helfen uns bei Hindernissen.

Eierlauf

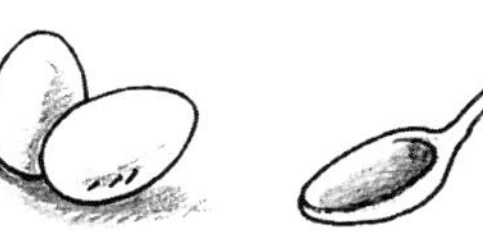
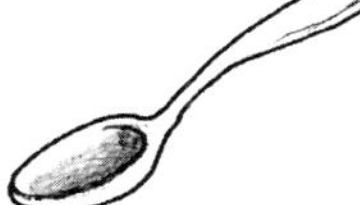

Material:
4 Pylonen, Löffel in verschiedenen Größen, Plastikeier, Bälle oder Kartoffeln

Vorbereitung:
Zur Vorbereitung legen die Erzieherinnen zwei Strecken mit Pylonen als Start- und Zielpunkte fest, sodass zwei Menschen gegeneinander antreten können. Ideal ist es, wenn ein Elternteil gegen ein Kind antritt. Dabei ist darauf zu achten, dass dem Kind ein kleiner Vorteil verschafft wird, indem es zum Beispiel den größeren Löffel oder die größere Kartoffel erhält oder die kürzere Strecke laufen muss.

Spielanleitung:
Wer zuerst das Ende der Strecke erreicht hat, wieder umgekehrt und beim Startpunkt angekommen ist, hat das Rennen gewonnen. Natürlich können auch Kinder gegeneinander antreten.

Unsere Hände

Material:
Fingerfarbe, mehrere Bögen Tonkarton in DIN A4 (etwa doppelt so viele bereithalten, wie Kinder erwartet werden)

Arbeitsanleitung:
An dieser Station können die Kinder und ihre Eltern ein Erinnerungsbild mit Handabdrücken erstellen, indem sie ihre Hände mit Fingerfarbe einpinseln (lassen) und auf den Tonkarton pressen. So sieht man, dass die Erwachsenenhand wesentlich größer ist als die Kinderhand und dass beide zusammengehören. Der Bogen muss eine Zeit lang trocknen und kann wahrscheinlich erst am nächsten Kindergartentag mit nach Hause genommen werden.

Urkunde für Familie

____

Toll, dass ihr beim Familienfest dabei wart!

Entspannungsgeschichte „Einschlafen“ (ab 3 Jahren)

Material:
Entspannungsgeschichte (s. u.), Decken oder Matten, auf denen die Kinder liegen können. Dabei sollten die Matten so viel Abstand zueinander haben, dass die Kinder sich während der Geschichte nicht versehentlich berühren oder stören können. Wenn vorhanden, kann ruhige Musik gewählt werden, die dazu abgespielt wird; dann wird auch ein CD-Player benötigt.

Arbeitsanleitung:
Die Kinder legen sich auf ihre Matten und schließen die Augen. Wenn vorhanden, wird leise Musik eingeschaltet. Die Erzieherin erzählt: „Manchmal ist es abends beim Einschlafen nicht leicht, zur Ruhe zu kommen. Ich zeige euch nun, was ihr machen könnt, wenn ihr einmal nicht gut einschlafen könnt.“
Dann liest die Erzieherin die Entspannungsgeschichte vor.

Entspannungsgeschichte:

Stell dir vor, du liegst auf einem riesigen Stück weicher, weißer Watte. Es ist so weich unter dir, dass du noch einmal gemütlich deine Schultern nach unten drückst und den weichen Boden unter dir spürst. Deine Arme liegen ganz ruhig neben deinem Körper. Du merkst, dass es gar keine Watte, sondern eine dicke Wolke ist, auf der du liegst.

Du atmest langsam ein und dann wieder aus. Und noch einmal: Langsam einatmen und … langsam wieder ausatmen. Langsam einatmen … langsam wieder ausatmen.

Die Wolke schwebt durch den leuchtend blauen Himmel. Sie schwebt sehr langsam, und du schwebst auf ihr mit. Du bist ganz leicht, so leicht wie eine Feder. Die Wolke trägt dich. Allmählich siehst du, wie der Himmel langsam die Farbe wechselt. Er ist nun nicht mehr blau, sondern er wird langsam orange und dann rot. Nun ist der Himmel dunkel. Gelbe Sterne blitzen auf, als würden sie dir zuzwinkern, und du kannst auch die Milchstraße am Himmel sehen.

Du atmest immer noch langsam ein und langsam wieder aus.
Du atmest langsam ein und langsam wieder aus.

Die Wolke schwebt weiter lautlos durch den Nachthimmel. Nun siehst du den golden leuchtenden Mond. Er lächelt dir zu. Du lächelst zurück. Der Mond hat die Form einer dicken Sichel und er schaukelt gemächlich hin und her. „Kann der Mond schaukeln?“, fragst du dich noch, doch da schwebt die Wolke schon am Mond vorbei und weiter durch die Nacht.

Du wirst immer müder und müder, immer schwerer und schwerer fühlst du dich. Du spürst, wie die Wolke allmählich absinkt und der Erde näherkommt. Deine Augen werden immer schwerer, fast gehen sie schon von allein zu. Aber noch kannst du sie offenhalten.

Du atmest weiter langsam ein und langsam wieder aus.

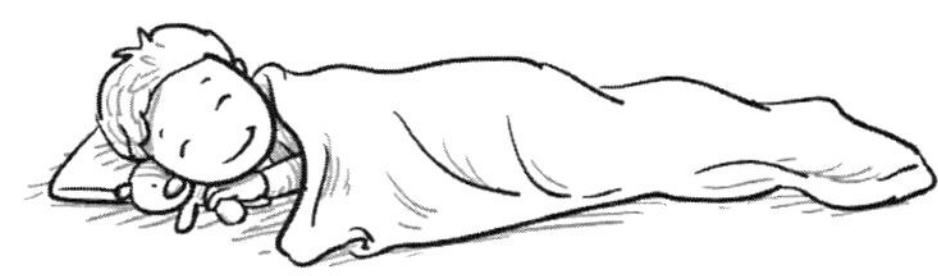

Nun siehst du von oben dein Haus! Die Wolke, auf der du liegst, schwebt auf das Haus zu und direkt in dein Zimmer hinein bis zu deinem Bett.
Du rollst dich von der Wolke auf dein Bett. Und nun darfst du endlich die Augen so fest schließen, dass du einschlafen kannst. Gute Nacht!
Du schläfst ruhig und zufrieden für viele Stunden.

Und nun, ihr Schlafkinder, dürft ihr eure Augen langsam wieder öffnen.
Bewegt eure Hände ein wenig und eure Füße, reckt und streckt euch und werdet wieder richtig wach.

BVK • Mareike Brombacher: Kita aktiv „Projektmappe Familie“

Ich vermisse meine Familie! **(ab 3 Jahren)**

Das Kind hat sich verlaufen und findet nicht mehr zurück zu seiner Familie. Hilf ihm, indem du ihm den Weg zurück zeigst.

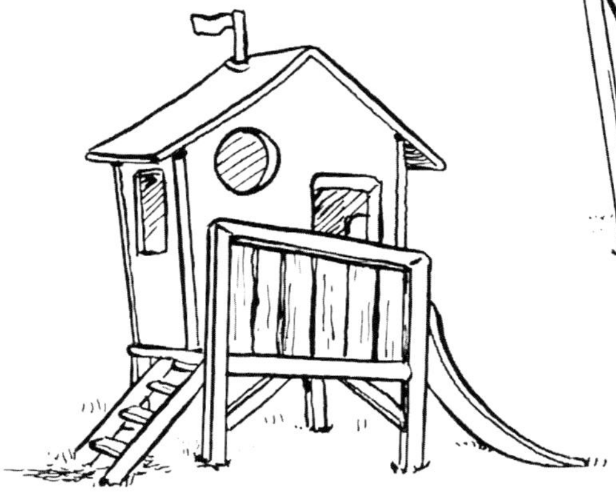

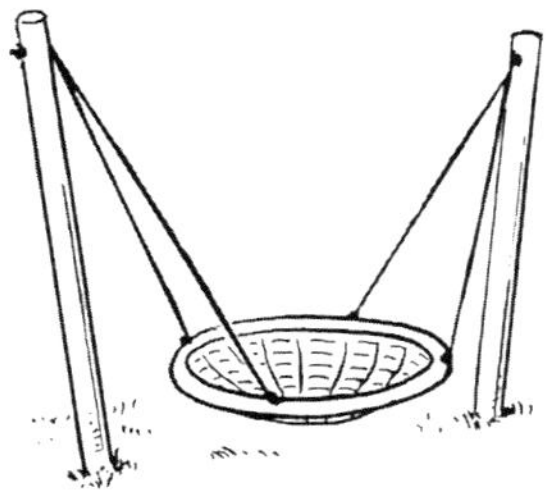

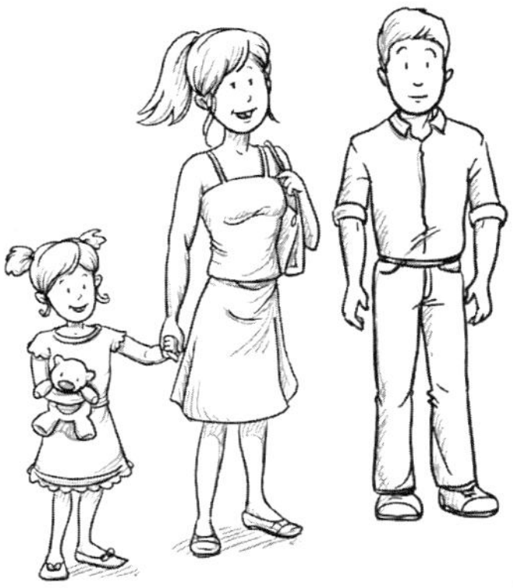

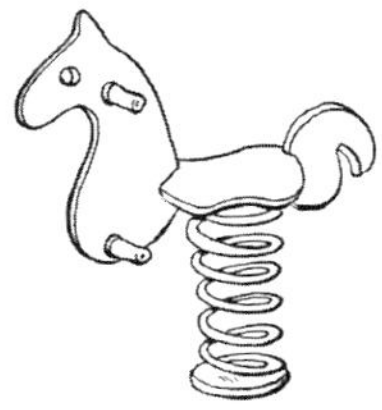

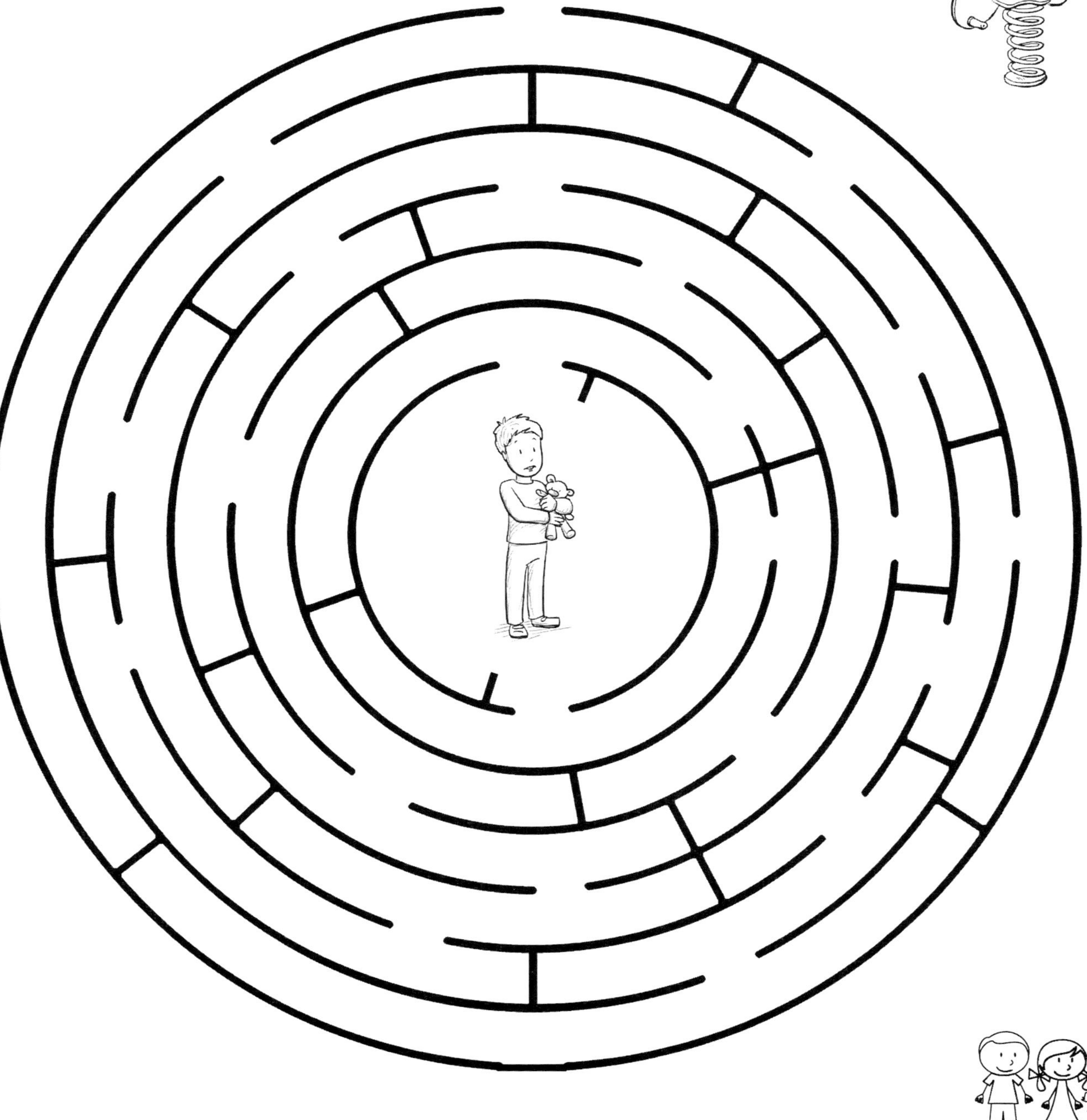

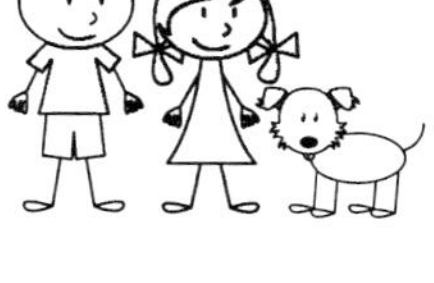

Wem gehört welcher Hut? (ab 3 Jahren)

In dieser Familie hat jeder seinen eigenen Hut. Welcher Hut gehört wem?
Male dazu die Wege nach.

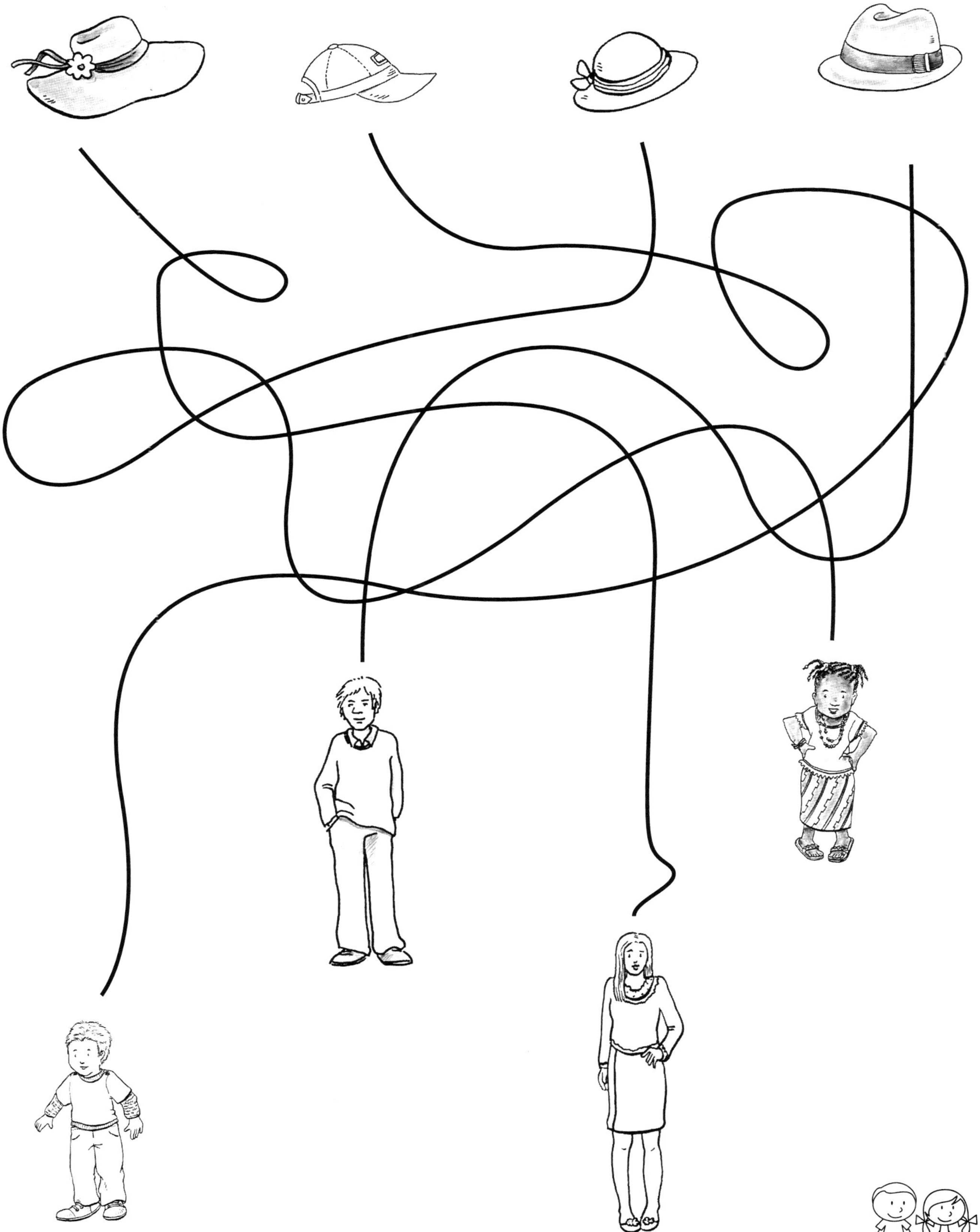

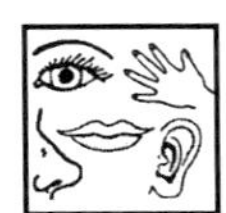

Handschuh-Sammelsurium (ab 3 Jahren)

Baby Emma hat alle Handschuhe in der Familie durcheinandergebracht. Hilf der Familie, die richtigen Paare wiederzufinden, indem du die passenden Handschuhe mit einem Stift verbindest!

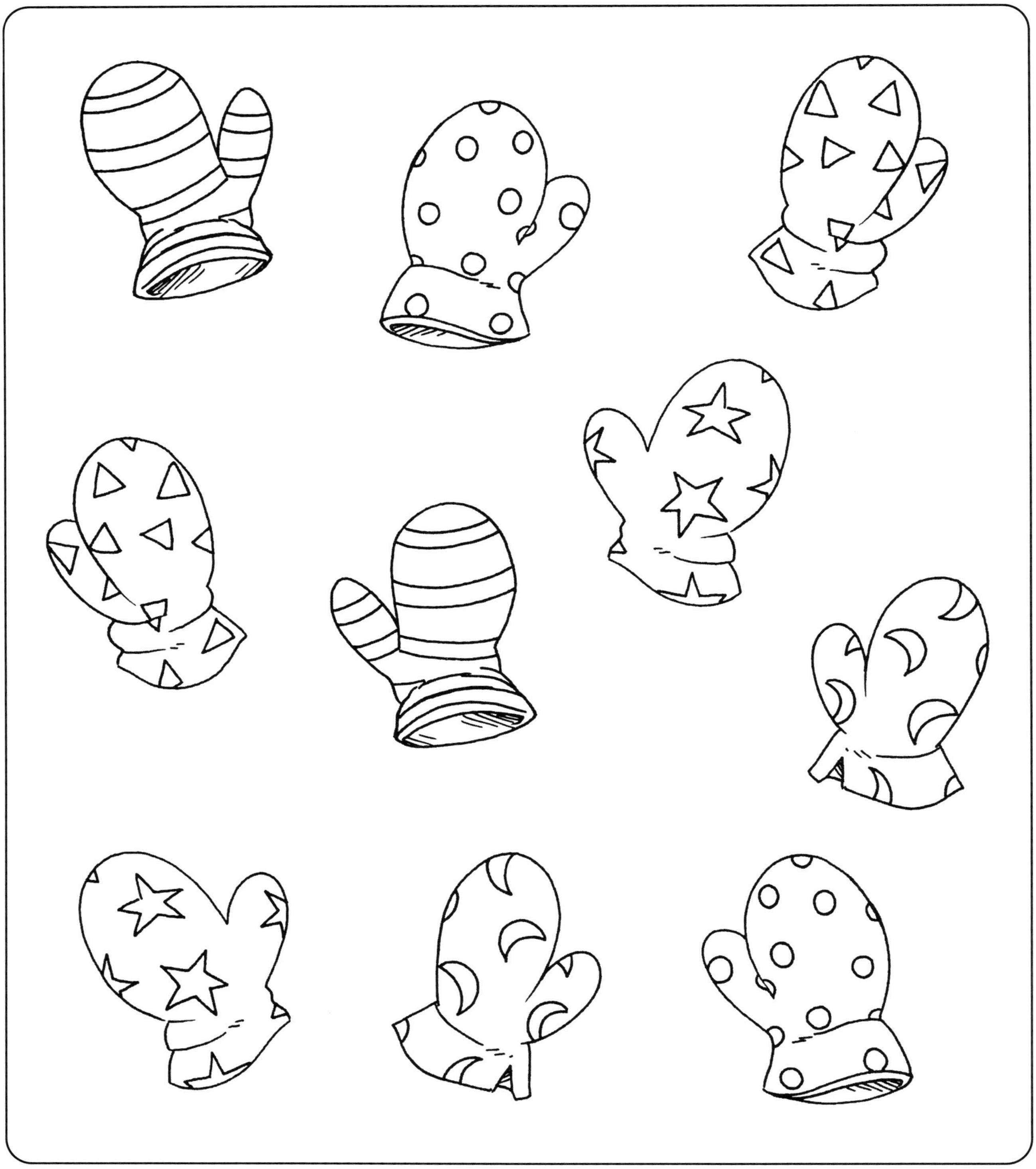

BVK • Mareike Brombacher: Kita aktiv „Projektmappe Familie“

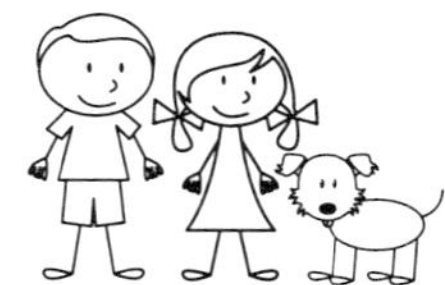

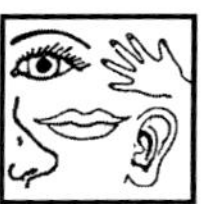

Nuss-Familien (ab 3 Jahren)

Material:
1 Stoffsack, 1 Esslöffel, 10 Walnüsse, 10 Erdnüsse, 10 Haselnüsse (**Achtung:** Bitte klären Sie vor der Durchführung dieser Einheit ab, ob bei einem oder mehreren der Kinder eine Nussallergie besteht!)

Vorbereitung:
Die Erzieherin füllt den Stoffsack mit den Nüssen. Je kleiner die Kinder sind, umso weniger Nüsse füllt sie hinein. Mindestens drei Nüsse von jeder Nussart sollten sich aber im Sack befinden, damit das Fühlspiel funktioniert. Nun erzählt die Erzieherin den Kindern die Nussgeschichte:

Nussgeschichte

Es war einmal eine Walnussfamilie, die wollte mit ihren Kindern einen Ausflug in den Wald machen. Plötzlich kam ein Gewitter auf und alle Walnüsse rannten in eine Höhle, um sich in Sicherheit zu bringen. In dieser Höhle waren schon viele andere Nüsse: Erdnüsse und Haselnüsse. Auch sie suchten Schutz vor dem Regen und dem Sturm. Während draußen das Gewitter tobte, hatten alle Nüsse einen großen Spaß miteinander. Als das Gewitter vorbei war, mussten sich die Familienmitglieder erst wiederfinden, bevor sie den Ausflug fortsetzen konnten. Hilfst du ihnen dabei?
Fühl mal, ob du alle Familienmitglieder findest, die zusammengehören!

Spielanleitung:
Reihum dürfen die Kinder nun zum Beispiel erst die Walnussfamilie, dann die Erdnussfamilie und zum Schluss die Haselnussfamilie erfühlen. Je nach Gruppengröße kann ein Kind jeweils eine ganze Familie erfühlen oder aber ein Kind nach dem anderen ist mit dem Auftrag an der Reihe, ein bestimmtes Familienmitglied zu finden.

Tipp:
Zunächst lässt sich diese Übung auch „mit Hinschauen" durchführen, damit alle Kinder die Formen einmal bewusst gesehen haben, bevor sie sie erfühlen. Wer die Übung ergänzen möchte, kann die Kinder zum Beispiel die gefundene Nuss auf einem Löffel in die Mitte des Stuhlkreises zu seiner Familie bringen lassen.

Gesprächsanregungen:
- Die Nussfamilien sind alle unterschiedlich. Ist das bei den „echten" Familien auch so?
- Wie unterscheidet sich eure Familie von anderen Familien?
- Was für Ähnlichkeiten gibt es zwischen eurer Familie und anderen Familien?

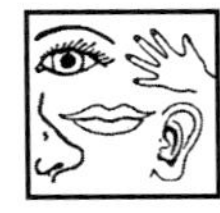

Familien-Mandala (ab 3 Jahren)

Male an.

Bewegungsgeschichte „Familienausflug“ (1) (ab 3 Jahren)

Material:
Vorlesetext „Familienausflug“ (s. u.), 2 Langbänke, 4 Gymnastikmatten oder 1 Weichbodenmatte, 1 Fahne oder 1 Hütchen, 4 Reifen, 3 kleine Kästen, 1 Sprossenwand, 1 große Decke

Vorbereitung:
1. Zunächst bereitet die Erzieherin den Parcours vor: Eine Fahne oder ein Hütchen bildet die Bushaltestelle. Die Weichbodenmatte oder die vier Gymnastikmatten werden als Schwimmbad zurechtgelegt. Die Sprossenwand stellt einen Aussichtsturm dar. Unter diese sollten weitere Matten ausgelegt werden. Die Langbänke dienen als Baumstämme. Sie werden hintereinander aufgestellt und sollten nicht zu nah an der Wand stehen. Als Felsen dienen die kleinen Kästen. Die vier Reifen werden in einer Zickzack-Spur ausgelegt und sind Steine in einem Fluss. In eine Ecke des Raums kommt die große Decke, die einen Picknick-Platz darstellt.
2. Die Erzieherin erklärt den Kindern, was die jeweiligen Turngeräte darstellen und dass sie nun eine Geschichte dazu vorliest. Die Kinder müssen der Geschichte genau folgen, um zu wissen, zu welcher Station sie laufen müssen.

Hinweis:
Selbstverständlich können die Bestandteile des Parcours je nach vorhandenem Material weggelassen oder ausgetauscht werden.

Vorlesetext „Familienausflug“:

Es ist Sonntag und Familie Tobegern möchte einen Ausflug machen. Draußen scheint die Sonne und Mama Tobegern, Papa Tobegern und ihre zwei Kinder Lilli und Jan packen einen Picknickkorb. Dort hinein kommen Würstchen, Butterbrote, zwei Flaschen Wasser, Äpfel …
Plötzlich ruft Mama: „Wir müssen los! Unser Bus fährt gleich ab! Kommt schnell, auf zur Bushaltestelle!“

(Die Kinder rennen zu dem Platz, der als Bushaltestelle benannt wurde. Sind sie dort angekommen, liest die Erzieherin weiter.)

Zum Glück hat Familie Tobegern gerade noch den Bus erwischt! Papa Tobegern fragt: „Sollen wir zuerst schwimmen gehen oder möchtet ihr erst die Wanderung machen?“
Für Lilli und Jan ist die Sache klar: „Erst schwimmen!“, rufen sie. An der nächsten Station steigen sie aus. Durch eine Drehtür gehen sie ins Schwimmbad und schwimmen einige Bahnen hin und her.

(Die Kinder laufen zu den Gymnastikmatten oder der Weichbodenmatte, legen sich nacheinander auf den Bauch und machen Schwimmbewegungen, während sie vorwärtsrobben. Sind sie auf der anderen Seite angekommen, warten sie, bis alle diese Übung gemacht haben. Dann wird weiter vorgelesen.)

Nach dem Besuch im Schwimmbad rennt Familie Tobegern wieder zum Bus.

(Die Kinder laufen zurück zur Bushaltestelle.)

Der Bus fährt zum Startpunkt der Wanderung: zum Aussichtsturm. Dort steigen alle aus dem Bus. Familie Tobegern stellt sich in einer Schlange vor dem Aussichtsturm an. Dann darf einer nach dem anderen hochklettern, sich umschauen und wieder herunterklettern.

(Hier sollte eine Erzieherin am „Aussichtsturm“ stehen, um die Kinder zu sichern. Die Kinder stellen sich hintereinander vor der Sprossenwand an und klettern nacheinander hoch. Sie halten Ausschau und klettern wieder herunter. Dann liest die Erzieherin weiter vor.)

Bewegungsgeschichte „Familienausflug“ (2) (ab 3 Jahren)

Nach dem herrlichen Ausblick geht es weiter in den Wald hinein. Familie Tobegern folgt einem breiten Waldweg und sieht am Rand des Weges Baumstämme. Sofort steigen Lilli und Jan auf die Baumstämme und balancieren darauf.

(Die Kinder steigen nacheinander auf die Bänke und balancieren bis zum anderen Ende. Sind alle dort angekommen, liest die Erzieherin weiter.)

Jan ruft: „Kommt, wir klettern auf die Felsen da vorn!“

(Alle Kinder steigen nacheinander auf die Kästen und springen wieder herunter. Die Erzieherin liest weiter.)

„Oh nein“, ruft da plötzlich Papa Tobegern. „Wie sollen wir denn über den Fluss kommen? Der ist ja viel zu breit, um drüberzuspringen!“ Lilli schlägt vor: „Wir können ja auf den Steinen hinüberhopsen.“

(Die Kinder springen von einem Reifen zum anderen.)

Nun ist Familie Tobegern sehr, sehr müde. Alle müssen gähnen.

(Alle Kinder gähnen.)

„Lasst uns ein Picknick machen!“, ruft Jan. „Au ja“, sagt Lilli. Familie Tobegern breitet die Picknickdecke aus.

(Alle Kinder laufen zur Decke und setzen sich darauf. Das Spiel ist zu Ende.)

Familiensalat (ab 3 Jahren)

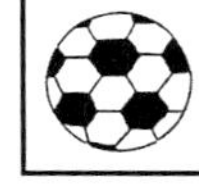

Material: –

Spielanleitung:

1. Die Kinder setzen sich in den Stuhlkreis.

2. Ein Kind stellt sich in die Mitte, sein Stuhl wird zur Seite gestellt.

3. Nun bekommt jedes Kind von der Erzieherin einen Verwandten zugeteilt: Mama, Papa, Oma, Opa, Onkel, Tante … Je nach Anzahl der Kinder können dies mehr oder weniger Personen sein. Es sollten mindestens drei Kinder den gleichen Verwandten darstellen, damit das Spiel funktioniert. Auch dem Kind in der Mitte wird ein Verwandter zugeteilt.

4. Nun nennt das Kind in der Mitte einen Verwandten, zum Beispiel: „Oma!“ Alle, denen „Oma“ zugeteilt wurde, springen auf und suchen sich einen neuen Platz, ebenso das Kind, das in der Mitte steht.

5. Nun bleibt wieder ein Kind übrig. Dieses Kind darf nun den nächsten Verwandten nennen und das Spiel geht von vorn los.

Bewegungslied: Wir wachsen jeden Tag (ab 2 Jahren)

Material:
Lied „Wir wachsen jeden Tag“ (s. u.), Kopiervorlage „Wir werden immer größer“ (s. S. 31), 1 Schere, Buntstifte

Vorbereitung:
Die Erzieherin kopiert die Kopiervorlage „Wir werden immer größer“, schneidet die Karten aus (alle außer die erste Karte, diese passt nicht zu dem Lied) und malt sie mit den Kindern an. Dabei muss beachtet werden, dass die Karten so groß kopiert werden, dass die Kinder sie auch aus einem Meter Abstand gut erkennen können.

Spielanleitung:
Die Kinder stellen sich im Kreis auf. Alle singen gemeinsam das Lied. In der Mitte des Kreises werden die Karten übereinander ausgelegt (ähnlich wie bei Hüpfkästchen). Ein Kind stellt sich neben die erste Karte und macht die jeweilige Übung für die anderen vor: Zu der ersten Strophe klatschen alle den Rhythmus mit. Ist die Strophe beendet, darf das Kind in der Mitte einen Schritt nach oben gehen, sodass es bei der zweiten Karte angekommen ist. Zu der zweiten Strophe stampfen alle beim Singen den Rhythmus mit. Wieder geht das Kind in der Mitte einen Schritt nach oben zur dritten Karte. Zu der dritten Strophe strecken die Kinder beide Hände abwechselnd nach oben. Nun darf das Kind in der Mitte zu den Erwachsenen hochgehen. Zu der vierten Strophe können die Kinder mit den Händen auf ihre Oberschenkel klatschen und das Kind geht zur Karte mit den Großeltern. Wird das Lied zweimal gesungen, bieten sich alternative Bewegungs- und Rhythmusideen für die zweite Runde an:

- Die Kinder wippen beim Singen auf den Füßen hin und her.
- Die Kinder drehen sich beim Wort „größer“ einmal im Kreis.

Wir wachsen jeden Tag

2. Niemand kann das ändern, wir wachsen wie verrückt.
Wir werden immer größer, wir werden immer größer – am Tag ein kleines Stück, am Tag ein kleines Stück.

3. Erwachs’ne wachsen nicht mehr, sie bleiben genau gleich.
Wir werden immer größer, wir werden immer größer – die Hand zum Himmel reicht, die Hand zum Himmel reicht.

4. Und wer uns das nicht glaubt, der ist doch selber schuld.
Wir werden immer größer, wir werden immer größer – und das braucht nur Geduld, ja das braucht nur Geduld!

Familienfreizeit-Domino (ab 2 Jahren)

Material:
Kopiervorlage „Familienfreizeit-Domino“ (s. u. und S. 59), 1 Schere, Buntstifte, Tonkarton zum Verstärken, ggf. 1 Laminiergerät und -folie

Vorbereitung:
Die Erzieherin kopiert die Vorlage „Familienfreizeit-Domino“ zwei Mal und schneidet sie aus. Die Kinder können die Dominokarten anmalen. Zur besseren Haltbarkeit kann die Erzieherin die Dominokarten laminieren.
Bevor das klassische Dominospiel beginnt, bespricht die Erzieherin mit den Kindern die Motive und formuliert dabei einfache Sätze, die beschreiben, was die Kinder jeweils bei ihrer Freizeitaktivität tun. Hier können die Kinder auch berichten, was sie selbst in ihrer Freizeit mit ihrer Familie gern machen.

Spielanleitung:
Nun wird Domino gespielt: Jedem Kind wird die passende Szene zugeordnet. Das bedeutet: Die Startkarte wird aufgedeckt und in die Mitte gelegt, dann werden reihum weitere Karten gezogen und angelegt. Bei jeder gezogenen Karte beschreibt das Kind, was das Kind auf dem Bild mit seiner Familie macht, zum Beispiel: „Das Kind geht mit seiner Familie wandern.“ Wer nicht anlegen kann, muss die Karte behalten. Kommt er wieder an die Reihe, sieht er nach, ob er aus seinem Fundus eine oder mehrere Karten anlegen kann. Ist dies nicht der Fall, zieht er eine Karte vom Stapel. Wenn er sie wieder nicht anlegen kann, muss er auch diese Karte behalten.

Für die Kleinen:
Die Zweijährigen können das Spiel mit der Erzieherin so spielen, dass sie gemeinsam eine Karte nach der anderen betrachten und sie den anderen Karten zuordnen. Es empfiehlt sich, mit sehr einfachen Satzstrukturen zu arbeiten.

Kopiervorlage „Familienfreizeit-Domino“ (1)

Kopiervorlage „Familienfreizeit-Domino“ (2)

Ende

Wer geht freundlich miteinander um? (ab 3 Jahren)

Material:
Kopiervorlage „Wer geht freundlich miteinander um?“ (s. S. 61), 1 Schere, Buntstifte, ggf. 1 Laminiergerät und -folie

Vorbereitung:
Die Erzieherin kopiert die Kopiervorlage „Wer geht freundlich miteinander um?“, schneidet die Bilder aus, malt sie gemeinsam mit den Kindern an und laminiert sie ggf.

Arbeitsanleitung:
Die Kinder sitzen im Stuhlkreis und die Karten werden in die Mitte gelegt. Die Erzieherin erzählt den Kindern: „In der Familie und unter Freunden – und eigentlich mit allen Menschen – geht man freundlich und respektvoll miteinander um. Wenn man sich einmal streitet, dann verträgt man sich auch wieder.“
In zwölf Szenen sehen die Kinder, wie Menschen miteinander umgehen können und welche Mimik sie dabei zeigen. Die Menschen, die freundlich miteinander umgehen, sollen von den Kindern identifiziert werden. Die Karten mit den Menschen, die nicht freundlich miteinander umgehen, können beispielsweise umgedreht werden.
Danach regt die Erzieherin die Kinder dazu an, sich eine der Karten zu nehmen. Vielleicht kennen die Kinder eine solche Szene aus ihrer eigenen Erfahrung? Im Stuhlkreis können die Kinder nun reihum erzählen, was sie mit der Szene, die sie sich ausgesucht haben, verbinden.

Anregungen für den Gesprächskreis:

- Habt ihr euch auch schon einmal in der Familie gestritten?
- Warst du schon einmal wütend auf deine Mutter oder deinen Vater?
- War deine Mutter oder dein Vater schon einmal wütend auf dich?
- Wurdest du schon einmal von deinen Geschwistern geärgert?
- Hast du selbst auch schon einmal deine Geschwister geärgert?
- Was habt ihr gemacht, um euch wieder zu vertragen?

- Welche freundlichen und schönen Dinge hast du in deiner Familie schon erlebt?
- Wer tröstet dich, wenn du dir wehtust?
- Wie ist das abends, wenn du ins Bett gebracht wirst? Wer macht das bei euch?
- Warum ist es schön, ein Geschenk zu bekommen? Ist es auch schön, selbst jemandem ein Geschenk zu geben?
- Freust du dich, wenn deine Mama oder dein Papa dir etwas Leckeres kocht? Was isst du am liebsten bei deiner Mama? Und was bei deinem Papa?

Kopiervorlage „Wer geht freundlich miteinander um?“

negativ:

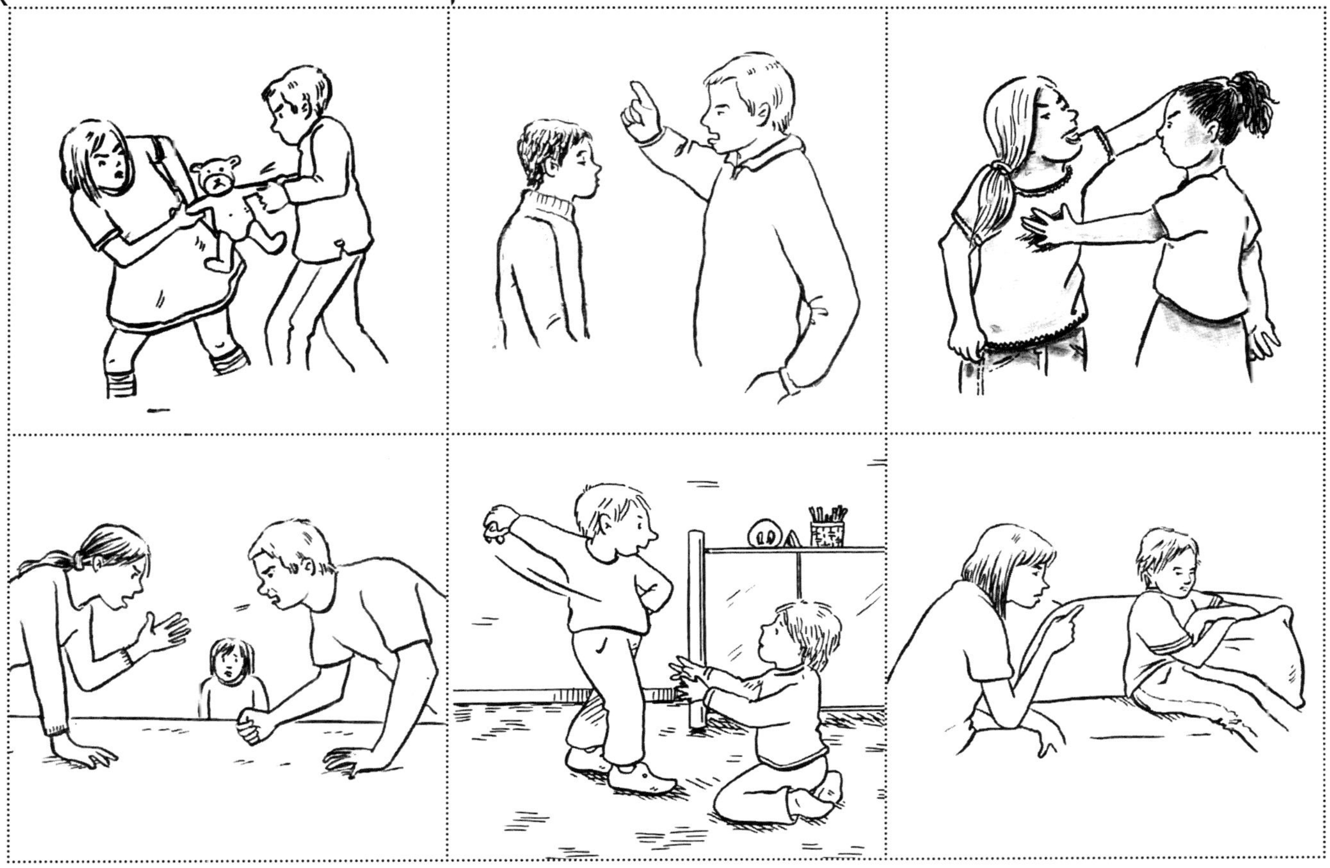

positiv:

Küssen verboten! (ab 3 Jahren)

Vorlesegeschichte zum Thema „Neinsagen" mit anschließendem Gesprächskreis und Rollenspiel

Max erzählt von Tante Ingas Besuch:
„Gleich kommt Tante Inga!" Mama läuft aufgeregt durchs Haus, stellt noch schnell die Schuhe in den Schuhschrank und wischt ein trockenes Blatt von der Fensterbank. Wenn Tante Inga, also Mamas Schwester, kommt, dann muss alles immer ganz ordentlich sein. Auch unsere Kinderzimmer. Ich musste meine Autos wegräumen und meine Schwester Lina hat ihre Puppen auf ihr Bett gesetzt, damit Tante Inga nicht meckert, wenn sie in unser Zimmer kommt. „Mama, wann gibt es den Kuchen?", frage ich. Es gibt nämlich meinen Lieblingskuchen – Schokokuchen.

Dingdong! Wir rennen die Treppe hinunter. „Hallo Inga", ruft Mama erfreut, als sie die Haustür öffnet. Meine Tante fällt meiner Mama um den Hals und gibt ihr auf beide Wangen einen dicken Kuss. Dann stemmt sie die Hände in die Hüften: „Na ihr beiden, ihr seid ja ganz schön groß geworden!" Sie bückt sich, umarmt Lina und gibt ihr einen Kuss. Als sie sich mir zuwendet, sage ich schnell: „Ich will keinen Kuss!" Dann drehe ich mich weg. Mama guckt ganz streng und sagt: „Aber Max, jetzt stell dich doch nicht so an, das ist doch Tante Inga!"
Ich laufe schnell die Treppe hoch. Die Tante soll mich nicht küssen. Dann esse ich eben keinen Kuchen. Wütend kippe ich die Autokiste aus. Soll die blöde Tante doch meckern, denke ich.

Bald darauf kommt Mama zu mir ins Zimmer. Sie hat ein Stück Schokokuchen auf einem Teller dabei. Als sie die Autos auf dem Boden sieht, runzelt sie kurz die Stirn. Dann setzt sie sich neben mich auf den Boden, stellt den Teller ab und legt den Arm um mich. Sie sagt: „Max, das war völlig in Ordnung und genau richtig, wie du das eben bei Tante Inga gemacht hast. Und was ich gesagt habe, war falsch. Bitte entschuldige. Du darfst allein entscheiden, wer dich küssen darf und wer nicht. Dein Körper gehört schließlich dir!"
Ich lege auch glücklich meine Arme um meine Mama. Und ich bin froh, dass ich selbst entscheiden darf, wer mich küssen darf und wer nicht. Das mache ich von jetzt an immer. Mein Körper gehört nämlich nur mir.

Anregungen für den Gesprächskreis:

- Wer darf euch küssen? Wer nicht?
- Wer umarmt euch? Wie findet ihr das?
- Habt ihr auch schon einmal Nein gesagt, als euch jemand küssen oder berühren wollte, obwohl ihr das nicht wolltet?

Rollenspiel:

Ein Kind spielt das Kind, das Nein sagen soll. Ein anderes spielt das Gegenüber. Das zweite Kind geht auf das erste zu und fasst seinen Arm an. „Komm her, ich will dich umarmen", sagt es. Das erste Kind sagt: „Nein, ich will das nicht." Daraufhin nimmt das zweite Kind seine Hand wieder vom Arm weg.

Hinweis:

Diese kleine Übung können die Kinder reihum ausprobieren, um selbst zu erfahren, wie es ist, Nein zu sagen, und um es einzuüben – denn viele Kinder trauen sich nicht, Erwachsenen (oder auch anderen Kindern) gegenüber Nein zu sagen.

Fröhlich, wütend, ängstlich, traurig: Was bin ich? (ab 3 Jahren)

Material:
Kopiervorlage „Gefühle“ (s. u.), 1 Schere, 1 Laminiergerät und -folie

Vorbereitung:
Die Erzieherin kopiert die Vorlage „Gefühle“, schneidet sie aus und laminiert sie. Die Karten kommen auf einen Stapel.

Einführung:
Die Kinder sitzen der Erzieherin in einem Halbkreis gegenüber. Diese gibt eine Einführung und erklärt das Spiel. Die Erzieherin erzählt: „In der Familie fühlen wir uns normalerweise so sicher, dass wir alle Gefühle zeigen können, die wir haben. Wir können unsere Wut zeigen, wir können weinen und traurig sein oder auch lachen und fröhlich sein. Unsere Familie bleibt immer da, egal welche Gefühle wir haben. Wenn wir merken, wie es den anderen in der Familie geht, dann hilft uns das auch, denn dann können wir Rücksicht aufeinander nehmen.“
Bevor das eigentliche Spiel beginnt, kann die Erzieherin die Bildkarten auslegen und mit den Kindern über Gefühle sprechen: Welche Gefühle (er-)kennt ihr? Wann fühlt man sich wie?

Spielanleitung:
Die Erzieherin ruft ein Kind zu sich. Dieses Kind darf eine Karte ziehen (ggf. flüsternd klären, ob das Kind den Gesichtsausdruck richtig interpretiert) und macht dann die Stimmung des auf der Karte dargestellten Gesichts nach. Die anderen Kinder erraten, um welches Gefühl es sich handelt. Dabei sollte nicht nur das Gesicht, sondern auch die Gestik und Körpersprache auf das jeweilige Gefühl hinweisen. Wurde das Gefühl erraten, ist das nächste Kind an der Reihe.

Tipp:
Damit die Kinder wissen, was in etwa von ihnen erwartet wird, wenn sie ein Gefühl darstellen, empfiehlt es sich, dass die Erzieherin das erste Gefühl selbst darstellt.

Kopiervorlage „Gefühle“

Bitte bei Bedarf hochkopieren.

Familienaufgaben (ab 4 Jahren)

Material:
Kopiervorlage „Familienaufgaben“ (s. u.), Kopiervorlage „Menschen“ (s. S. 27)

Vorbereitung:
Die Erzieherin kopiert die Vorlage „Menschen“ möglichst groß und schneidet die Figuren mit ihrem Rahmen aus. Auch die Vorlage „Familienaufgaben“ kopiert die Erzieherin auf ca. 200 % und schneidet sie aus.

Arbeitsanleitung:

1. Die Kinder setzen sich in den Stuhlkreis oder auf den Boden in einen Kreis. Die Erzieherin beginnt mit den Kindern ein Gespräch über das Helfen zu Hause. Denkbare Gesprächsansätze sind: Helft ihr manchmal zu Hause? Wobei habt ihr schon einmal geholfen? Freuen sich Papa und Mama, wenn ihr helft? Wem helft ihr noch?
2. Dann – oder wenn das entsprechende Thema genannt wird auch schon während des Gesprächs – nimmt die Erzieherin eine Karte vom Stapel und zeigt sie den Kindern. Sie fragt: „Welche Aufgabe im Haushalt ist hier zu sehen?“ Die Kinder benennen die Tätigkeit, zum Beispiel „Blumengießen.“
3. Nun wird die Karte in die Mitte gelegt und die Erzieherin fragt: „Wer in der Familie kann alles beim Blumengießen helfen?“ Die Kinder ordnen die Menschenfiguren diesem Bild zu. Kann Mama, Papa oder ein Kind diese Aufgabe übernehmen? Kann das ein kleines oder ein großes Kind sein? Warum? Die Erzieherin bespricht mit den Kindern, warum bestimmte Personen in der Familie diese Aufgabe übernehmen können und andere nicht.
4. Anschließend wird die nächste Karte gezogen und erneut werden die Figuren zugeordnet. Je nach Zeitaufwand kann auch nur ein Teil der Karten verwendet werden oder das Thema wird am nächsten Tag wieder aufgegriffen.

Kopiervorlage „Familienaufgaben“

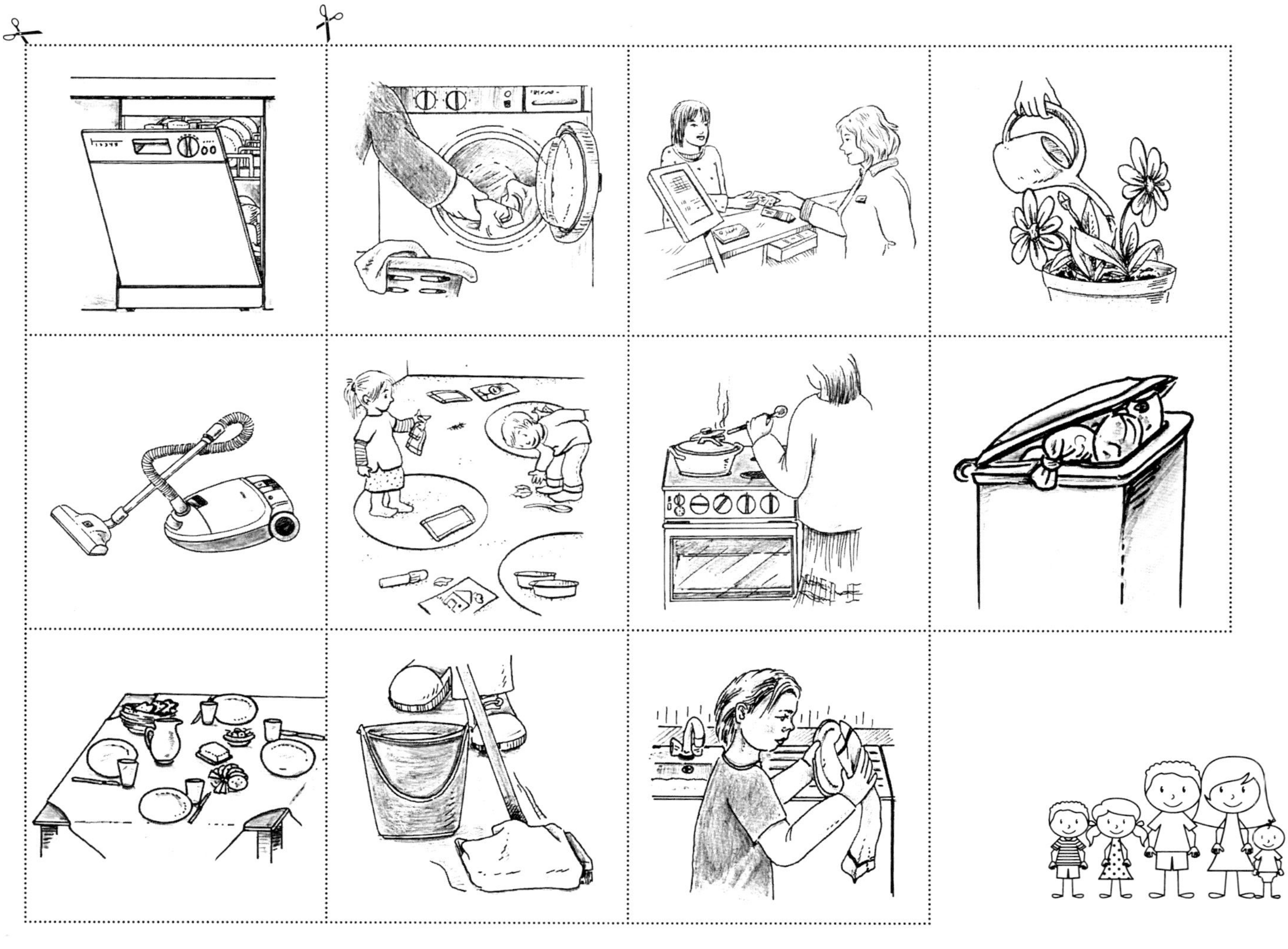